アベノミクス批判

安倍政権の末路

二宮厚美＝著

安倍政権は「バブル政権」である。バブルとは、泡、気泡を言いかえたもので、シャボン玉のように内実が空っぽで、実体がないままに空中を漂う皮膜のようなものを表現した言葉である。「バブル政権」の特質は、まず確固たる基盤に根づいていないこと、第二にその内実がいかにも空虚であること、第三にその存命は時流の風に乗って漂流するあいだに限られること、の三点に求められる

旬報社

安倍政権の末路—アベノミクス批判　◉目次

プロローグ

バブル頼みの安倍政権

「バブル政権」としての安倍政権

安倍政権はさしあたり「バブル政権」として特徴づけられる。バブル（bubble）とは、泡、気泡を言いかえたもの、したがって、シャボン玉のように内実が空っぽで、実体がないままに空中を漂う皮膜のようなものを表現した言葉である。「バブル政権」の特質は、まず確固たる基盤に根づいていないこと、第二にその内実がいかにも空虚であること、第三にその存命は時流の風に乗って漂流するあいだに限られること、これら三点に求められる。安倍政権は、その誕生以来、これら三点の特質をもちあわせる。

なぜなら第一に、「安倍バブル政権」は確固たる支持基盤のうえに成立した政権とはいえない。二〇一二年師走総選挙によって生まれた安倍内閣は、〇六―〇七年の第一次安倍内閣以降も続いてきた自民党の長期低落傾向のもとで登場したものである。安倍晋三の本家本元にあたる自民党に対する支持基盤の衰退と変容の歴史的過程において安倍政権は生まれたのである（以下、本書では敬称はすべて省略する）。

第二に、「安倍バブル政権」の政策的内実、つまり安倍政権の走る路線は、車輪が空回りするような線路にすぎない。もっとも、「安倍列車」の車輪が空回りしているあいだは、まだよいというべきかもしれない。というのは、「安倍列車」が実際に駆動し始めると、脱線してしまうか、それとも暴走したあげくに、乗客全員をとんだ惨劇に陥れるかもしれないからである。「安倍バブル政権」が子どもの興じるシャボン玉と違うのは、はじけてしまったときの結末にある。あまりに膨らみすぎたシャボン玉がパッとはじけるときの一瞬は、子どもにとってはハラハラドキドキのスリルを味わう瞬間であるが、「安倍バブル」の破裂は、国民にとっては考えたくもない惨事到来のときである。

第三に、「バブル政権」は、ちょうどシャボン玉が空中に吹く風、気流に乗ってうまく漂うあいだだけ人の目を楽しませるように、ただ世論の風、時流に乗って漂流できるあいだだけが生きながらえる時間である。安倍の盟友・橋下徹は繰り返し自らの「橋下人気バブル」を評して、それは「世間のふわっとした支持による」と説明してきたが、「バブル政権」はまさしく「ふわっとした支持」を(唯一といってよいほどの)頼みとするのである。もちろん、安倍と橋下には、「支持・人気バブル」を確保するための作戦・策略に大きな違いがあるが、この点は後にみることにしよう。

本書は、このような安倍政権のバブル的性格を明らかにしようとするものである。もちろん、安倍政権およびそのもとでの日本の政治経済の全体像は、安倍政権のバブル性に視点を定めるだけでは、十分に明らかにされるというものではない。[1]この点を承知したうえで、なお本書が「安倍バブル政権」に注目するのは、次の三点による。

第一は、安倍政権の歴史的運命を明らかにするためである。ここで「歴史的運命」というのは、いうまでもなく、その没落の歴史的必然性のことである。本書は、主に安倍政権の経済政策(つまりアベノミクス)をとりあげるが、それは、安倍政権やアベノミクスの功罪、個々の政策の良し悪しといったことを問題にするのではなく、究極のところは、安倍政権そのものが滅びざるをえない歴史法則的流れを見抜くためのものである。バブルは、いかなるものであれ、やがていつかは必ずはじける。

これは子どもでわかることである。そこで、本書では、誰にも滅びることが明らかな「バブル」に引き寄せて安倍政権を分析することにする。

第二は、現代日本の論壇には、テレビ・新聞・雑誌等の一般メディアにおいて、多数が「安倍バブル」に加担していることである。「加担」の言葉がいいすぎであるとすれば、少なくともマスメディアの大勢は「安倍バブル」に迎合的である。本書が問題にするアベノミクスにたいするメディアの論調は、消費増税やＴＰＰにたいする大手新聞のそれと並んで、時流迎合的傾向の典型例を示すものであった。アベノミクスが流行し始めたとき、私は、アイロニーを好む日本のマスコミには、必ず「アベノミクスはアベコベミクス」、あるいは「アベノミクスは安倍のミックス」「アベノミクスは安倍のミス」といった風刺が登場するにちがいないと期待したが、ついぞこれまで、気の利いた文句は、共産党の「アベノミクスはアベノリスク」という批評以外、見たことも聞いたこともないでいる（「アベコベミクス」や「安倍のミックス」の意味は本論で説明する）。

第三は、これが「安倍バブル」を問題にする最も重要な根拠となるが、安倍政権の走る路線が実際にバブル頼みの基調の上に敷かれていることである。「バブル頼み」の政権構造には、特有の危うさがつきものである。危うさとは、まず、バブル頼みの構造そのものが、一般的にいって、禁じ手の系譜に属するということである。次に、バブルは所詮、蜂の一刺しで破裂するものである。さらに、バブルは大きく膨らみすぎるほど、それだけはじけやすくなる。こうした「バブル政権」につきものの危うさは、安倍政権発足後半年を迎えようとする今、実際に現実化しつつあるといってよい。

この点をおさえておいて、いまこのプロローグで問わなければならないことは、安倍政権がなぜ「バブル頼み政権」にならざるをえないのか、その根拠はどこにあるのか、という問題である。

バブル政権化を必然化する歴史的磁場

安倍政権のベクトルがバブル頼みの方向に向かわざるをえないのは、安倍政権の動きを規定する磁場の力による。安倍路線全体は、安倍政権がその上で動く磁場によって左右されざるをえないのである。それは、かの孫悟空が釈迦の掌のなかで動き回らざるをえなかったのに同じだといってよい。

磁場は一般に正負、上下、南北等の二極の力によって形成される。安倍政権の動きを制約する政治的磁場も、これと同様に、二極の力の合成によってつくりだされたものである。大胆に端折っていうと、一つの極は憲法改正に向かう磁力、いま一つの極はグローバル化に向かわせる磁力である。後者のグローバル化の磁力は政策的には新自由主義に向かう力を呼び起こすから、安倍政権が動く政治的磁場は、一言でいうと「改憲型新自由主義」と要約することができる。言いかえると、「安倍孫悟空」が動き回る釈迦の掌は「改憲型新自由主義」である。

いま問題なのは、「安倍孫悟空」の動きを規定する「改憲型新自由主義」が、なぜ「バブル頼み」のものにならざるをえないのか、その根拠である。この根拠をここでは、①現代日本の改憲型新自由主義自体がそもそもバブル的性格をもったものにすぎないこと、②現代日本には「絶対的矛盾」ともいうべき非和解的な現実的矛盾があり、これにたいする改憲型新自由主義の対処策は、矛盾を取り繕うわべだけの政策か、矛盾を覆い隠すベールをかぶせるだけの一時しのぎにすぎないこと、この二点から明らかにしておくことにしたい。これは、安倍政権を規定する改憲型新自由主義が、生まれながらにしてバブル的性格をもったものにすぎない、ということでもある。

まず、安倍政権そのものの生誕がいわば「政治的バブル」によっていたことからみておくことにしよう。

二〇一二年師走総選挙の「議席バブル」から生まれた安倍政権

二〇一二年師走総選挙によって生まれた安倍政権の最大の特徴は、そもそも政権そのものがきわめて脆弱な支持基盤に依拠したものにすぎず、広範な民意との乖離のうえに成立した、という点に求められる。確かに総選挙は自民党に二九四議席をもたらし、政権与党の自公両党は合計して、衆院における三分の二以上の三二五議席をものにした。この議席数だけでいえば、こと衆議院に関するかぎり、安倍政権は盤石の上に成立したかのようにみえる。だが、総選挙で示された有権者の意向は、決して安倍政権の安定性を約束するものではなかった。

まず、自民党が小選挙区で獲得した議席占有率約七九％は、その得票率四三％とのあいだに、相当な乖離をもったものである。この議席占有率と得票率との乖離は、いうまでもなく小選挙区制度の悪弊によって生まれたものであるが、安倍政権の案外と脆弱な支持基盤を物語るものでもある。

第二に、比例区における自民党の得票率は小選挙区のそれを大きく下回り、二七・六％にすぎなかった。この得票率は、二〇〇九年の総選挙における得票率二六・七％とほぼ同じである。前回の総選挙は民主の圧勝、自民の大敗という結果をもたらしたが、自民はその敗戦時とほぼ同じ得票率で、皮肉にも、今回は圧勝の成果をあげたのである。仮に、この二七％程度の得票率で衆院議席（四八〇）を按分すれば、自民党に配分されるのはわずか一三〇議席にすぎない。これと現実に獲得した議席二九四とを比較すれば、そのギャップは一六四議席に達する。このズレは、有権者の意向と安倍政権とのあいだには深刻なネジレがあることを物語るものであった。

第三に、自民党が今回の総選挙（比例区）で得た得票数は約一六六〇万票にとどまり、前回の約一八八〇万票から二二〇万票も減らしている。得票数だけをみると、「自民圧勝」どころか「自民後退」といわなければならない結果だったのである。「大敗」に終わった三年前よりもさらに二二〇万もの得票を減らして「大勝」したわけだから、「圧勝」の底の浅さが知れようというものである。

さらにいえば、およそ一億人の全有権者数にたいする自民党の得票率は、約一六％にすぎなかった。この程度の支持率では、安倍政権は盤石の上にあるとは到底いえず、むしろ不安定で脆弱な基盤上にあるとみなければならない[2]。その意味で、安倍政権の生みの親はいわば「選挙制度から生まれた議席バブル」だったのである。

では、「議席バブル」による安倍自民党の大勝は、どこから生まれたのか。自民党の「大勝」は、ただ民主党の「大敗」の結果によるものであった。自民・民主の二大政党が、ちょうどシーソーゲームのように、いずれか一方が「大勝」すれば他方が「大敗」するという動きは、二一世紀に入って実施された国政選挙すべてに共通してあらわれてきたパターンである。二〇一二年総選挙の「自民大勝・民主大敗」の結果も、このシーソーゲームの繰り返しという面をもっていた。とはいえ、一口にシーソーゲームといっても、その様相は、一方の極が上がり、他方の極が下がる、その高さの水準によって異なってくる。

二〇〇九年までの国政選挙における二大政党のシーソーゲームは、両党合計得票率約七〇％を高さの上限として進められたものであった。つまり、合計得票率七割の枠内において両党は勝ち負けを競い、自民・民主のいずれが勝ち、また負けようとも、いつも選挙の最終結果は、二大政党による七割の得票率に落ち着くというパターンであった。この合計得票率七割の構図が崩れるのは、一〇年夏の参院選時においてである。このとき、二大政党のシーソーゲームの高さは、それまでの七割から五五％へと、およそ一五ポイントも低下した。今回、この合計得票率は、さらに一〇ポイント余下げて、四四％に落ち込んだ。すなわち、二大政党間の「大勝」と「大敗」の争いは、従来の合計得票率七〇％の枠内でのそれから、四四％の枠内での分捕り合戦に変わったのである。

こうした経過を踏まえていうと、政権交代をかけた二〇〇九年の総選挙では、合計得票率七割の枠内で民主が「大勝」、自民が「大敗」、それとは対照的に今回の総選挙では、合計得票率四四％の枠内で自民が「大勝」、民主が「大敗」の結果になったということになる。〇九年から一二年までわずか三年余のあいだに、二大政党の合計得票率は七〇％から四四％へと二五ポイント強も下落したのである。安倍政権は、民主に比べると支持率の落ち込みが少なかった自民の相対的優位のもとで生まれたわけである。

問題なのは、この「〇九年衆院選時までの七〇%→一〇年参院選時の五五%→一二年総選挙時の四四%」という下落傾向が何を物語るかである。

改憲型新自由主義の磁場に働く二つのベクトル

二大政党の支持率低下を招いた世論の趨勢は、一言でいうと、「民意の新自由主義離れ」にあったと考えられる。言いかえると、二大政党が新自由主義路線上で二人三脚の関係に入ると、二大政党の支持率は下落する、ただしこの二人三脚関係のもとでは、主導権を握る側の方がより大きく支持率の下落に見舞われる、ということである。

二〇一〇年参院選時に新自由主義路線上で主導権を握っていたのは、消費税率一〇%化を谷垣自民党に呼びかけた当時の菅民主党であり、今回の総選挙で新自由主義路線を主導したのも「消費増税、原発再稼働、TPP参加」を打ち出した野田民主党であった。二大政党は、新自由主義路線に対する民意の抵抗・離反のもとで、ともに支持率の低下に見舞われるが、その下落の程度が惨敗と呼ぶにふさわしい程度に達したのは民主党の側であった。

ただし、政権それ自体の支持基盤は脆弱であるにもかかわらず、安倍政権が政治的磁場とする「改憲型新自由主義」は、少なくとも衆院の議席数でみる限り、向かうところ敵なしの圧倒的勢力となった。これは、いうまでもなく、日本維新とみんなの党の「第三極」が総選挙で躍進し、安倍政権の脇を固める形をとったからである。

「安倍自民党」「橋下・石原日本維新」「渡辺みんなの党」の三党は、現代日本の「改憲型新自由主義」の三派連合を形成する。もちろん、この三派連合以外に改憲型新自由主義に与する勢力は、岡田克也、前原誠司、野田佳彦等の民主党生き残り組、公明党や小沢派その他に散在する。これらをあわせた「改憲型新自由主義」を、本書では、さしあたり「改憲派に親和的な新自由主義」をさすものとしておく。現代日本の改憲勢力には、きわめて右翼的ないわゆる「靖国史観派」から新自由主義的グローバル国家派、また受動的改憲受容・許容派等の種々雑多なグループがあるが、それらのいずれとも親和的で、野合関係に入る新自由主義――これが改憲型新自由主義である。この改憲型新自由主義の勢力は、衆院議席でみれば、いまや八割以上を牛耳る勢力となった。先に、安倍政権のベクトルを左右する政治的磁場が改憲型新自由主義になったと述べたのは、この勢力配置のためである。

ただ、この勢力配置はいかにも奇妙な事態である。なぜなら、支持基盤からみた安倍政権の脆弱性や二大政党得票率の低落を招いたのは「民意の新自由主義離れ」であったにもかかわらず、その同じ民意が、総選挙の投票結果では、改憲型新自由主義の圧勝を呼び起こした、ということになるからである。いったい国民世論、民意の趨勢は「新自由主義離れ」なのか、それとも「新自由主義支援」にあるのか、いずれとも判別しがたい奇妙な事態が生まれたわけである。

総選挙の結果がいかにもわかりにくいものになったのは、いうまでもなく、選挙時の政党の第一極（民主）と第二極（自民）から離れた選挙票、特に民主離れ票が、二大政党以上にラディカル（過激）

な新自由主義派の第三極（維新プラスみんな）に流れたことによる。この第三極グループは、安倍政権が進める改憲、アベノミクス、ＴＰＰ参加、教育改革、議員定数削減、公務員制度改革等の主要課題について、安倍政権以上に急進的なスタンスをとり、いわば安倍政権の尻をたたくような格好で、改憲型新自由主義路線に強く加勢する、という関係にある。

安倍政権が成立した直後に吹いた風は、改憲型新自由主義を加速するこの追い風であった。日本維新の橋下一派などは、追い風というよりは、安倍政権の前にたって、改憲型新自由主義を先導する位置にたつ、といったほうが適切かもしれない。というのは、安倍政権それ自身は、改憲型新自由主義の磁場を舞台にした主役ではあるものの、すでに一度、主役の座から引きずり落とされた経験をもち（二〇〇七年参院選時の小沢民主党にたいする敗北と無様な退陣劇）、総選挙当時でも、落ちぶれ一座同然の人気しかもちえない自民党の座長役にすぎなかったからである。それはともあれ、自民党安倍政権は支持率下落傾向のさなかに、改憲型新自由主義のベクトルにそった強風を背に受けて歩み始めたのである。

だが、いま注意しておかなければならないことは、改憲型新自由主義に追い風が吹くときは、同時に、その前に逆風も舞い起こるということである。逆風とは、いうまでもなく、護憲と反新自由主義の側から吹く向かい風である。そこで、安倍政権は、バブルさながら、順風と逆風の二つを同時に受けながら改憲型新自由主義の道を漂うことになる。安倍政権の特異性とは、追い風と向かい風との二つの圧力を同時に受け、そこに生まれるベクトルにそって動くバブルの様相をとる点にある。この特異性は、総選挙にあらわれた民意が、新自由主義にとって向かい風なのか、それとも追い風なのか、そのどちらでもあり、どちらでもないような結果が出たことによって生まれたものである。

その一例を、総選挙の三大争点であった「消費増税、原発、ＴＰＰ」の問題で確かめておこう。選挙前の各種世論調査は、民意が消費増税ノーで過半、脱原発では七割以上、ＴＰＰ参加問題では国論二分という状況にあったことを示した。選挙後でも、基本的にこの傾向は変わらない。たとえば、「朝日新聞」世論調査によると、消費税引き上げ反対が五三％、原発の縮小・廃止に賛成が七五％となっていた（二〇一三年一月二二日付）。ただＴＰＰ参加については、賛成五三％、反対二三％である（同年三月一九日付）。とはいえ、同じ調査において、ＴＰＰが農業にとって悪い面が多いとする者は五六％、外国産農産物の流入をよくないとする者は四八％（よいとする者は三六％）、食品安全基準の低下に不安を感じる者は七一％となっている。つまり、農業や食生活にとってよくないと考えるものが相対的多数をしめながら、それでも同時に、ＴＰＰ参加に賛成する者が過半に達する、というねじれた結果があらわれているのである。

このような世論動向は、改憲型新自由主義が大枠として進める消費増税、原発再稼働、ＴＰＰ参加の路線に対する逆風の具体的あらわれを示すものにほかならない。問題なのは、こうした安倍政権をとりまく逆風と順風、この二つをどのようにとらえるか、にある。本書では、これを安倍政権を拘束する二つの「絶対的矛盾」のあらわれと把握する。「絶対的矛盾」とは、和解することのできない二つの極の敵対的対立に根ざす矛盾を意味する。したがって、安倍政権にこの矛盾がとりついた場合、安倍政権は終生この矛盾の中であがき、もがき続けることにならざるをえない。安倍政権が空虚なバブル頼みの選択にむかわざるをえないのは、このためである。

新自由主義的蓄積が呼び起こす二つの「絶対的矛盾」

安倍政権を拘束する「絶対的矛盾」とは何か。話をわかりやすくするために、あらかじめ結論を述べておくと、それは、①改憲か護憲かの対立にもとづく政治的矛盾、②新自由主義的蓄積にもとづく経済的矛盾、この政治・経済両面にわたる二つの矛盾である。ただ、いまここで矛盾を「政治」と「経済」の二面に分けて表現したが、これは説明上のわかりやすさを考慮した言葉の使い分けであって、実際には、政治的矛盾と経済的矛盾は不可分の関係にある。この点を以下、簡単に説明しておこう。

安倍政権の行く手に順風・逆風が生まれる根拠は、まずは、現局面における新自由主義的蓄積の帰結に求められる。言いかえると、新自由主義的蓄積が安倍政権にとりつく「絶対的矛盾」を呼び起こす起源である。

ここで資本蓄積とは、ひらたくいうと、企業が獲得した利潤を再投資してその経営規模を拡充していくことを意味する。個々の企業が利潤をあげる場は市場である。新自由主義的蓄積の特質は、その市場が一国の国内市場に制約されずグローバル化していること、そしてグローバル市場における競争を徹底して自由化しようとすること、少なくとも競争条件の平等・均等化を求める点にある。つまり、自由・平等な世界市場において巨大企業が利潤追求を競い合う、これが新自由主義的蓄積のモットーとなる。グローバル市場を相手にしたこの多国籍企業の資本蓄積をとらえる場合、最も重要な点は、次の二点にまとめられる。(3)

第一は、市場を構成する需要と供給の両面のうち、需要面はさして問題とされず、供給重視の視点が前面にでることである。需要面が軽視されるのは、個々の企業の目からみると、一国内の市場は国境で閉ざされた狭い規模にとどまるのにたいし、グローバル化した市場は、たとえいかに巨大な多国籍企業であっても、いまや果てしなき無限の市場としてあらわれるからである。一国内の市場を相手にした企業は、その規模が独占的・寡占的であればあるほど、逆に、国内の有効需要の過不足に悩まされるものであるが、無限に広がるグローバル市場を相手にする企業には、需要不足はさして大きな問題とはならない。

これは、仮に多国籍企業が需要の過不足を問題にする場合であっても、内需（国内需要）よりも外需（海外需要）をますます重視する方向に向かう、ということである。この点は、アベノミクスやTPP参加路線を検討するときに、きわめて重要な意味をもつ論点である。

ここから第二に、企業にとっての最重要課題は、内需不足ではなく、何よりグローバル市場で打ち勝つ競争力となる。しかも、グローバル市場で問われる競争力とは、まず、個々の多国籍企業のそれである。したがって、新自由主義的蓄積のもとでは、個別資本の競争力第一の視点が前面にあらわれ、経済学の言葉を使っていうと、「総資本の論理よりも個別資本の論理」、あるいは「マクロ経済視点よりもミクロ経済視点」が優先されることになる。

こういえば、経済学になじみのある人には、ケインズ主義から新自由主義への転換が起こったことの意味がわかるはずである。ケインズ主義は、一国内の社会的総資本がからみあう商品市場内での有効需要の不足を問題にしたが、新自由主義は、無限大の世界市場を相手にする多国籍企業の視点から、一国内のマクロ経済構造は市場の成り行きに委ね、注意・関心をもっぱら世界を相手にした個々の企業の競争力強化に注ぐことになる。新自由主義的蓄積の視点を徹底すると、「多国籍企業栄えて、国滅ぶ」が現実化するのである。ナショナリズムに本籍をもつ良心的ケインズ主義が、新自由主義に嫌悪感を抱くのは当然だといわなければならない

新自由主義的蓄積のこうした二点、すなわち、①果てしなく広がるグローバル市場を相手にした営利最優先主義、②個々の多国籍企業の競争力第一主義という二つは、政治・経済両面にわたる二つの矛盾を呼び起こす。

第一の経済的矛盾とは、端的にいって、現代日本のデフレ不況である。新自由主義的蓄積は、世界的規模での格差・貧困社会化を推し進める。ここでは、一方での貧困化の進行と他方での過剰資金の形成、という二つの事態が生まれる。本論でみるように、二一世紀にあらわれた「デフレ」と「バブル」の共存・共進関係は、これを物語るものにほかならなかった。ただ、大衆レベルでの貧困化と、企業（現代では多国籍企業）のもとへの過剰資金の集積とは、資本主義のもとでは、究極のところ解決できない絶対的矛盾である。二一世紀の新自由主義がやったことは、この資本主義の体内に根ざす

絶対的矛盾をグローバル化し、深刻化したことであった。二〇〇八年のリーマン・ショックを契機にしたグローバルな金融恐慌＝過剰生産恐慌はこの一つのあらわれを物語るものであった。[4] 現代日本のデフレ不況は、実は、その続編にすぎないのである。

もちろん、こう述べただけでは、新自由主義的蓄積が生みだす経済面での「絶対的矛盾」を十分に説明したことにはならない。その詳しい説明は本書第1章・補論で補うことにして、このプロローグでは、現代日本のデフレ不況は新自由主義的蓄積のもとでの「絶対的矛盾」のあらわれにほかならない、という点を確認することで用は足りる。いまここでは、現代日本のデフレ不況が新自由主義的蓄積による「絶対的矛盾」の産物であるとすれば、アベノミクスごときをもって、この不況を退治することは到底できない相談だ、ということが予知されさえすればよい。

問題は、第二の新自由主義的蓄積のもとでの政治的矛盾にある。出発点は、新自由主義的蓄積が一つの国家改造を呼び起こすことである。これが新自由主義的構造改革政治となる。その帰結が、「グローバル競争国家」の出現にほかならない。つまり、新自由主義は「グローバル化した自由市場のなかの競争国家化」をめざすのである。この「グローバル競争国家」とは、「世界的水準の競争力をもった国家」を意味する。ここでもあえて政治・経済の二面に分けていえば、経済的競争力を担う主役は多国籍企業、政治的競争力を担うのは権力国家（パワー・ステイト）、この二つがグローバル競争国家を構成するわけである。

もちろんグローバル競争国家といえども、それはコスモポリタンな無国籍国家ではなく、あくまでも国民国家の現代的形態を意味するから、Nation（国民、国民国家）視点からみると、実際には「国民的競争国家」となってあらわれる。(5)この「国民的競争国家」の特徴は、個人・企業・地域・産業・研究・アート・公共部門等のあらゆる面を、国際競争力強化の一点に向けて総動員しようとする点にある。ここでは、戦後日本になじみ深い平和国家、ケインズ主義的福祉国家や土建国家は過去のものとして蹴散らされる。

いま注意しなければならないのは、ほかならぬこの「グローバル競争国家＝国民的競争国家」化が現代日本の改憲型新自由主義の基調を形成する、という点にある。ここから「改憲か護憲か」の対立による政治的な「絶対的矛盾」が生まれるのである。

ただし、一方でのグローバル競争国家化をめざす改憲路線の基調と、他方での戦後日本の平和・民主主義を基調にした護憲路線とのあいだに、絶対的矛盾の火花が散る過程は、いささか複雑である。というのは、「改憲か護憲か」の対立点は、実に数多くの論点に及ぶからである。この多面的な対立・矛盾のすべてを系統的に整理するのは、到底、私の力の及ぶところではないし、また本書の課題でもない。そこで、ここでは安倍政権のもとで起こる政治的な「絶対的矛盾」の主要論点にのみ目を向けておくことにしよう。

いまここでもっとも注目されるのは、安倍政権のもとでの改憲派主力部隊、つまり自民・維新・みんなの改憲三派の勢力がどのような構成をとっているか、という点にある。大胆な比喩を用いていうと、現代の改憲型新自由主義はさながら両生類である。

禁じ手に走る現代日本の「両生類的改憲派」

両生類の生存は、エラ呼吸の前期と肺呼吸の後期とに分かれる。現代日本の改憲勢力に即していうと、エラ呼吸期のそれは復古的国家主義、あるいは「靖国史観派」の改憲であり、肺呼吸期のそれは「グローバル競争国家派」のそれである。すなわち、現代日本の両生類的改憲勢力は「靖国史観派」と「グローバル競争国家派」の合体で構成されている。むろん、この特徴づけは大づかみでみた改憲勢力の配置図、または座標軸を示すものであって、改憲諸派の詳細な勢力図を示すものではない。ここで、二つの改憲グループをとりあげ、同時に、両者を両生類としてひとくくりにした趣旨は、前期と後期の歴史の違いを区分しておくこと、にもかかわらず両者は、ちょうどおたまじゃくしと蛙が一つの同じ生き物であるように、現代の「改憲モンスター」としては同じ生き物であることを示しておく点にある。

両生類の前期・後期の区分に照らしていえば、現代日本の改憲型新自由主義の基調はグローバル競争国家化にそったものである。この点はすでに指摘した。だが、日本の場合には、あたかも蛙がおたまじゃくしの前身から生まれてくるように、グローバル競争国家派が活躍し始めると、絶えずおたまじゃくし期の靖国史観派の動きが活発化する、という関係が生まれる。なぜ現代的グローバル派の動きが復古的靖国派の台頭を促す関係が生まれるのか。その基本的な理由は、戦後日本にあっては、憲法にもとづくナショナリズムが日米安保体制のもとで抑えこまれ、ナショナリズムといえば、戦前以来の復古的国家主義しか存在しないかのような状態が続いてきたことにある、と考えられるが、いまここでは、蛙期の改憲の動きが活発化すると、絶えず、おたまじゃくし期の改憲衝動が連動して起こる、という点を確かめるにとどめる。

ただし、現代日本の両生類的改憲勢力の動きをみていく場合、これに一点だけ、付け加えておくことが必要である。それは、グローバル競争国家派が略奪主義的傾向に走らざるをえないことである。[6] それは、グローバル競争国家派が世界市場における多国籍企業の競争力を高め、その市場シェアの略奪合戦に加担しようとするためである。その典型は、橋下徹（＝「橋下主義」）にみることができる。

「安倍バブル」に先行した「橋下バブル」の破裂

詳細は別書（二宮厚美『橋下主義解体新書』高文研、二〇一三年）に譲るが、橋下主義の最大の特徴は、略奪主義的な競争第一主義に求められる。市場競争であれ、権力闘争であれ、橋下主義のモットーは、「略奪型競争において勝利する」という一点におかれる。たとえば、橋下がうちだした「大阪都構想」は、橋下個人のもとに大阪市の資産・権限・財源等を略奪することをねらいとして登場したものであった。「大阪都構想」に先立つ「関西州構想」は、近畿一円の資産・財源等を大阪が奪い取り、集中する、という単純な発想でうちだされたものであった。大阪都が「世界的都市間競争に打ち勝つ大都市戦略」として位置づけられる場合にも、これとおなじく、世界各地から大阪にカネ、モノ、ヒトを集める、つまり奪い取る戦略という意味をもつものであった。

こうした橋下流略奪主義が、アジア太平洋地域への侵略にもとづく国家的略奪主義に親和的になることは、指摘するまでもなく明らかであろう。もちろん、橋下主義は戦前の復古的国家主義から生まれたものではなく、直接的には「グローバル化した自由市場のなかの競争国家化」をめざすものである。だが、略奪主義をモットーにした橋下流のグローバル競争国家派は、あたかも蛙が先祖帰りしておたまじゃくしに戻るかのように、急速に復古的国家主義に接近し、睦み合う。

実は、このときに「改憲vs.護憲」の対立は文字どおりの「絶対的矛盾」に転化するのである。なぜなら、復古的な靖国史観にもとづく改憲は、現代では、日本のみならず、世界のどこであっても、もはや許されざる歴史的反動だからである。それが証拠に、最近になって、このことを示す二つの事件が起こった。

一つは、橋下一派（日本維新の「維新八策」）が先行してうちだした憲法九六条改正案をめぐる「改憲vs.護憲」の対立である。憲法改正の発議要件を国会議員の三分の二から、二分の一の賛成に引き下げようとする改正案は、そもそも立憲主義に対する橋下らの挑戦、法治国家の原理にそむく反動を意味した。つまり、国民主権による憲法そのものを一種の権力主義のもとにおこうとする野心のあらわれを示すものであった。だが、改憲派がここまで突出してくると、現代では、護憲派の世論を高めずにはおかない。ここでは「改憲vs.護憲」の衝突が、非和解的な絶対的矛盾に転化する。

いま一つは、橋下徹個人の「従軍慰安婦必要論」、「米軍にたいする風俗利用の勧め」発言である。この発言は、いかにも橋下らしい彼独特の正体をあからさまにするものであったが、そのルーツは、なんとしても「日本軍による慰安婦の強制連行」を否定したいとする靖国史観派の願望を、橋下自身が共有していた点に求められる。戦後日本の復古的国家主義の特徴は、①侵略戦争の否定、②天皇制の擁護、の二点を共有する点にある。もちろん、この二点は復古的国家主義内部に諸分派を生みだす要因にもなるのであるが、橋下発言のルーツがこの二点にあったことは、まず間違いのないところだろう。

だが、現代日本の両生類的改憲派を代表する橋下が、かくもあからさまに人権を踏みにじり、人間性を侮辱することを口にすると、九六条改正の先頭に立とうとする人物の発言であるだけに、「改憲vs.護憲」の対立関係は一気に非和解的・絶対的矛盾に高まらざるをえない。なぜか。それは、九六条改正案にせよ、橋下慰安婦発言にせよ、改憲派が一種の禁じ手に走ったからである。

改憲派が禁じ手を用いると、サッカーがそうであるように、レッドカードがつきつけられる。サッカーと違うのは、レッドカードをつきつけるのは審判ではなく、国民世論だということである。だから、逆にいうと、国民自身が禁じ手を見抜かない限り、いつまでたってもレッドカードは上げられない。これまで大阪において繰り返し繰り返し禁じ手を使ってきた橋下にレッドカードがつきつけられなかったのは、大阪の府民・市民をサッカー場の観客同然の席につかせ、さながら「橋下劇場」の見物客におしとどめてきたからである[7]。だが、人権を踏みにじり、女性を侮辱・愚弄し、人間性を冒瀆するような禁じ手となると、サッカー場であろうと劇場であろうと、観衆は黙ったまま、これを見過ごすわけはない。彼らは、たとえ客席からであろうと、一斉に立ち上り、「橋下ノー、改憲ノー」の声をあげ、レッドカードをつきつけるであろう。

本書はただし、「改憲vs.護憲」の対立にあらわれる「絶対的矛盾」を扱うものではない。本書が直接に問題にするのは、「改憲か護憲かの対立にもとづく政治的矛盾」ではなく、「新自由主義的蓄積にもとづく経済的矛盾」の方である。現代日本では、幸いというべきか、「改憲vs.護憲」の絶対的矛盾は、「橋下人気バブル」の破裂によって明らかになりつつあるが、グローバル競争国家化に向かう「安倍支持バブル」は、アベノミクス効果のもとで、まだ破裂するにはいたっていない。だが、安倍政権がアベノミクスで使う手口は、橋下の用いた禁じ手と同じものではないにしても、一種の禁じ手である。この禁じ手は、橋下の「慰安婦必要」発言が人格の尊厳性を侮辱・愚弄したのにたいして、経済のバブル化によって国民生活を侮辱・愚弄しようとする。したがって、国民がアベノミクスのなかの禁じ手を見抜くとき、世論は「安倍政権ノー」の声をあげ、その大合唱のなかで「安倍バブル」もはじけることになるだろう。このことを期待して、以下、本論に入っていくことにしよう。

（1）本書を補う意味で、渡辺治『安倍政権と日本政治の新段階』旬報社、二〇一三年を参照。
（2）総選挙直後、「東京新聞」（二〇一二年一二月一八日）はこう書いた。「小選挙区で自民党候補の名を書いたのは全有権者の約四分の一、比例代表に至っては一五・九九%だった。自民党の勝利は、必ずしも民意を反映したものではない」。
（3）この新自由主義的蓄積に固有な運動については、二宮厚美『新自由主義の破局と決着』新日本出版社、二〇〇九年、同『新自由主義からの脱出』新日本出版社、二〇一二年参照。
（4）この点を問題にした最近の著書として、デヴィット・ハーベェイ、森田成也他訳『資本の〈謎〉』作品社、二〇一二年、スーザン・ジョージ、荒井雅子訳『これは誰の危機か、未来は誰のものか』岩波書店、二〇一一年参照。

(5) 必ずしも本書とは同じ意味ではないが、新自由主義段階の資本主義国家を「国民的競争国家」と表現したのは、ヨアヒム・ヒルシュ、木原滋哉・中村健吾訳『国民的競争国家』ミネルヴァ書房、一九九八年である。

(6) 新自由主義一般が、現代では、略奪主義または略奪型蓄積に走らざるをえない点は、デヴィッド・ハーヴェイ、渡辺治監訳『新自由主義』作品社、二〇〇七年、ナオミ・クライン、幾島幸子・村上由見子訳『ショック・ドクトリン』(上・下)岩波書店、二〇一一年。

(7) この点については、本文中にもあげた二宮厚美『橋下主義解体新書』高文研、二〇一三年を参照。

第1章

デフレ不況打開に向けた「アベコベミクス」の登場

はじめに――アベノミクスの要点

アベノミクスは、安倍首相当人の説明にしたがえば、「三本の矢」からなる。三本とは、①量的金融緩和政策、②機動的財政出動、③成長戦略の三つである。安倍首相は、二〇一三年二月二八日、国会での施政方針演説において、これを、「『三本の矢』を、力強く、射込みます。大胆な金融政策であり、機動的な財政政策。そして、民間投資を喚起する成長戦略です」と語った。

では、これら三本の矢がねらう標的は、何か。一言でいうと、「デフレ不況の打開」である。したがってアベノミクスとは、さしあたり、三本の弓矢によってデフレ不況を仕留め、退治しようとする作戦ということになる。

本書でまず検証しなければならないことは、このアベノミクスの作戦が果たして成功するかどうか、である。ここでは、気の早い読者のために、あらかじめ三本の矢の性格を概括しておくことにしよう。いうまでもないが、これは、あくまでも弓矢のイメージにそくして、要点のみを述べたものである。

まず第一の矢の「量的金融緩和策」は、いわば「的に届かぬ矢」である。量的金融緩和策とは、日本銀行による通貨のバラマキと考えればよい。ただし、日銀による通貨のバラマキは、直接には銀行に向けられたものであって、一般の市場に流れ込むかどうかは、日銀の政策では決まらない。日銀によって供給された通貨が、目論見どおりに、民間の市場にまで行き渡ることになれば、第一の量的金融緩和策の矢は、一応、的にまで届くということになるが、実際には、そこまでには到らない。だか

図1　アベノミクスの三本の矢

<三本の矢>	<具体的政策内容>	<帰結>	<矢の性格>
①量的金融緩和策	日銀による大量の資金供給	バブル化	的に届かぬ
②機動的財政出動	10兆円規模の公共事業バラマキ	財政悪化	的をかすめる
③成長戦略	世界で一番企業の活動しやすい国	企業天国化	的を外れる

ら、さしあたり、第一の矢はデフレ不況打開の的にまでは「届かぬ矢」ということになる。

第二の「機動的財政出動」の矢とは、手っ取り早くいうと、公共事業のバラマキである。だが、この矢は「的をかすめる矢」にとどまる。なぜなら、公共事業のバラマキは、せいぜいのところ、土木・建設業界の景気を刺激するにとどまり、デフレ不況打開の的のど真ん中を射ぬく矢とはならないからである。現代日本のデフレ不況の根源は大衆的消費の不振にあり、「消費デフレ」の標的を射止めるにはほど遠いバラマキ型公共事業では、ターゲットの中枢部を突き通すことにはならない。

第三の「成長戦略」は、放たれた瞬間から「的外れの矢」である。なぜ、弓矢が引かれた瞬間から、的外れとなるのか。それは、アベノミクスの成長戦略が、すでに本書プロローグで述べたような「グローバル競争国家化路線」にたったものだからである。グローバル競争国家化に向けた成長戦略は、内需よりも外需に依拠する方向に向かわざるをえない。現代日本の「内なる不況」の打開を、「外界での成長」に求めるのが、およそ的外れ、筋違いの作戦であることは、誰にも察しがつくというものである。

こうして、アベノミクスの三本の矢は、**図1**にまとめたように、ひとまず「的に届かぬ矢」「的をかすめる矢」「的外れの矢」として特徴づけられる。この第1章の課題は、このようなアベノミクスが、現代日本で登場することになった背景、三本の矢がねらいどおりにデフレ不況を仕留めることにはならない理由、それぞれの矢が実際にもつ意味を検討することにおかれる。三本の矢にそくした詳細な分析は、第2章以降に委ねるとして、本章では、まずアベノミクスが登場し、もてはやされるようになった背景をみておくことにしよう。

1 「アベコベミクス」が登場した背景

消費増税実施をねらって登場した原型アベノミクス

いま、アベノミクスの標的はデフレ不況打開にある、と書いたが、ただし、アベノミクスが登場した直接のきっかけは、安倍政権が本気になってデフレ不況の打開に取り組もうとしたことにある、というわけではない。アベノミクスの正体に迫るためには、まず、この点に注意しておかなければならない。

アベノミクスが打ち出された直接の背景は何であったか。結論をいうと、安倍政権の手で消費税の引き上げを実施するためである。周知のとおり、二〇一二年八月、消費税率の二段階引き上げ案(一四年四月八%化、一五年一〇月一〇%化)は、民・自・公の三党合意によって、強行可決されたが、実際に税率引き上げに踏み切るかどうかの判断については、「経済状況の好転」という付帯条件がつけられていた。これは、将来、仮にデフレ不況が続いているとすれば、消費増税の実施は少なくとも先送りする、ということを意味するものであった。

消費税の引き上げは、家計消費を直撃するから、景気全体を冷やすことになる。このことは、衆目の一致して認めることであり、消費税引き上げ法案の国会審議でも、繰り返し指摘されてきたことであった。消費増税を強行した民・自・公三党は、このいわば常識的抵抗を抑え込むために、消費増税の実施に「経済状況の好転」という付帯条件をつけたのである。二〇一二年師走の総選挙では、消費増税が最大の争点の一つとなっていたから、選挙前でも、当然、この付帯条件がたびたび問題になった。

マスコミからこの点を何度も問いただされた安倍は、自民党総裁として、「デフレが続いているなら、消費税は上げるべきではない」、「デフレが進行していくなかでは上げない」、「経済状況を確認のうえ、予定通り実施するかの判断を内閣が行なう」といった発言を繰り返した。総選挙を前にした自民党総裁としては、先述の付帯条件がある限り、こういわざるをえなかったのである。もちろん、これには消費増税の強行を迫る財界筋から注文がつけられた。たとえば米倉弘昌経団連会長は、安倍の弱気の発言に、「今の段階で景気の成り行きを見てからというのは、ちょっと自民党総裁としては、ふさわしい発言だったのかなと思う」とクレームをつけた（以上の発言は「朝日新聞」二〇一二年一一月二八日、一二月六日、一〇日等による）。

消費増税の実施の条件としてのデフレ不況克服の目安とは、その当時、実質経済成長率二％、物価上昇率一％の達成を意味するものであった。ところが、日本経済の実態はこの目安とはほど遠く、二〇一二年後半期の景気はむしろ下降局面に突入していた。たとえば、一二年六―九月期の成長率は、年率にしてマイナス三・五％と悪化の動きを示していたのである。景気悪化のなかでは、物価上昇も期待できない。これを察知した日銀は早々に、一二年一〇月末、一四年度の物価上昇率一％の目標を取り下げるにいたった。景気は悪化し、物価も下がる、総選挙に対する世間の関心は大きく「景気対策」に向かう――これが総選挙前の世情となったのである。

そこで安倍は、首相の地位に就く以前に、このままデフレ不況が続くと、仮に政権を握ったとしても、消費増税の実施に踏み切れないかもしれない、いや、それ以前に、二〇一三年夏に予定された参院選を無事乗り切ることができるかどうかもあやしい、という壁にぶつかることになった。アベノミクスの走りにあたる政策が打ち出されるのは、ここからである。たとえば、一二年一一月中旬、安倍は「二％、三％の物価目標をもって、無制限に日銀はお札を刷っていく。目標に到達できなかったら総裁に責任をとってもらう」と語った（「日本経済新聞」一二年一一月二一日）。選挙期間中に彼は、これに類する「無制限の金融緩和」や「日銀による建設国債引き受け」等をたびたび口にするようになった。

こうした経緯は、アベノミクスの登場は、「アベノミクス→デフレ不況の打開→消費増税の実施」の筋書きによるものであったことを示すものである。このシナリオはアベノミクスが形を整える段階でも維持されるが、ただし、いまここで注意しておかなければならない点は、総選挙以前の二〇一二年秋段階のいわば「原型アベノミクス」には、見逃すことのできない三つばかりの問題点があらわれていた、ということである。

「原型アベノミクス」にあらわれた「アベのミックス」

まず、第一の問題点は、「アベノミクス→デフレ不況打開→消費増税実施」の三段論法における最終目的は、あくまで「消費増税実施」におかれていたことである。このシナリオにおけるアベノミクスのねらいは、当面は、確かに「デフレ不況打開」にあるとはいえ、最終的な目的はあくまで「消費増税の実施」におかれたものである。したがって、「デフレ不況打開」は、最終目的である「消費増税実施」を達成するための通過点にすぎない。

言いかえると、アベノミクスの真のねらいは「消費税増税」にあるのであって、「デフレ不況打開」はその目的を達成するための手段である。「デフレ不況打開」が「消費税増税」のための単なる手段（＝通過点）にすぎないとすれば、「デフレ不況打開」の課題それ自体は、正面から本気になって取り組むべき目標とはなりえない。手っ取り早くいって、「デフレ不況打開」は見せかけであってもよいわけである。なぜなら、「デフレ不況打開」の課題は、たとえ見せかけであろうと、形だけのものであろうと、「消費税増税」の口実になりさえすれば、アベノミクスの所期の目的は達成されるからである。

そこで、アベノミクスは一つのトリックを弄した。トリックとは「デフレ不況打開」を「デフレ克服」にすりかえたことである。「不況の打開」と「デフレの克服」には、いうまでもなく、内容上、大きな違いがある（この点は後に見る）。この違いを隠して、「デフレ不況の打開」を「デフレの克服」にすりかえ、後者だけをとりあげてアベノミクスは登場したのである。

第二は、「デフレ不況打開」ではなく「デフレ克服」が問題になると、そのための最もお手軽な方法は金融政策になる、ということである。安倍がその当初、アベノミクスを語って、「日銀にお札を刷らせて無制限に通貨を供給する」だの「無制限の金融緩和」だのといったことを口にし、おまけに「日銀による建設国債の引き受け」などと口走ったのは、「原型アベノミクス」が、「デフレ不況」ではなく、「デフレ状況」（つまり物価下落）だけを問題にしたことを物語るものであった。だが、実はここに、アベノミクスの「浅はかさ」と「アベコベぶり」の二つの問題点が最初からあらわれていた、といわなければならない。

まず、「原型アベノミクス」の「浅はかさ」は、「無制限の金融緩和」に並べて「日銀による建設国債引き受け」を口にしたときにあらわれていた。というのは、前者の「無制限の金融緩和」は確かに金融政策であるが、後者の「日銀による建設国債引き受け」は財政政策に属することであり、経済理論上は、両者を混同してはならないことだからである。

念のために説明を加えておくと、金融政策とは、日銀によるあくまでも金融機関を媒介にした政策のことである。量的金融緩和策による通貨のバラマキといえども、「銀行の銀行」としての日銀が対象にするのは、民間金融機関を相手にその保有する通貨量を増やすことであって、個々人や企業の保有する通貨量を直接に操作するというものではない。これにたいして「日銀による国債引き受け」は、通貨（日銀券）が金融機関を経ることなく直接に政府に貸し出され、その通貨が政府によって民間の個人・企業等にばらまかれることを意味する。日銀が財政赤字の穴埋めに走ることを「財政ファイナンス」と呼ぶが、安倍が口にした「建設国債の日銀引き受け」はこの「財政ファイナンス」の一種にあたるのである。日銀による財政ファイナンスは、いうまでもなく、公共事業等にたいする財政出動を日銀が後押しすることを意味しており、財政政策の範疇に属することである。

安倍当人は、「原型アベノミクス」のこの「浅はかさ」を指摘されたためか、後に「日銀による建設国債引き受け策」を「日銀による建設国債買いオペ策」にあらためることになった。だが、あらかじめ日銀が無制限に買い取ることを約束した建設国債を安倍政権が増発することになれば、それは、事実上、財政ファイナンスに同じ効果を発揮することになる。ただ、たとえ財政ファイナンスに依拠してでも公共事業等の財政支出を拡大し、それによって景気回復のテコ入れをはかろうとする政策は、アベノミクスというよりも、ケインズ主義の考え方によるものである。つまり、アベノミクスは、自らが拠って立つ新自由主義的金融政策のなかに、ケインズ主義をいわば密輸入しようとしたのである。これが「原型アベノミクス」に見る「浅はかさ」であるが、「完成版アベノミクス」では、第二の矢の機動的財政出動となって、この「浅はかさ」は公然化される。つまり、アベノミクスが、実は、「ケインズ主義の助けを借りた新自由主義」であることが明らかになるのである。(1)「ケインズ主義の助けを借りた新自由主義」とは、言いかえるとケインズ主義と新自由主義のミックス、したがってアベノミクスとは「アベノミックス（安倍のミックス）」というべき代物だ、ということになるだろう（この点は、本書第3章で立ち返る）。

実は「アベコベミクス」のアベノミクス

次に、「原型アベノミクス」にあらわれた「アベコベぶり」とは、量的金融緩和策によって「デフレ克服」に乗りだした点にあらわれている。アベノミクスが「デフレ不況打開」に代えて「デフレ克服」をターゲットにすえた、という点については先に指摘した。「デフレ不況打開」から「デフレ克服」へのスリカエが成り立つのは、「デフレの克服によって不況が打開できる」という見通し、すなわち「デフレ克服→不況打開」の見通しが実現する場合である。「原型アベノミクス」は、この見通しにたって、「無制限の金融緩和→デフレ克服」の作戦をうちだしたわけである。だが、これはものごとをアベコベにとらえたものにほかならない。

なぜなら、現実の経済は「デフレ→不況」の因果関係にあるのではなく、「不況→デフレ」の因果関係で動くものだからである。「デフレが先か、不況が先か」の問題は、鶏が先か、卵が先かの不毛な論争のように見えるが、決してそうではない。デフレ（全般的物価下落）は不況の結果であって、不況の原因ではない。これが経済学の常識というか、通説である。日本銀行もこれまで、基本的にこの考え方にたって、金融政策を進めてきたのである。ところが、アベノミクスは、デフレが不況の原因であり、不況はデフレの結果である、とアベコベにとらえる。[2] だから、アベノミクスはのっけから

「アベコベミクス」というべき代物なのである。

　第一のボタンを掛け違えた「アベコベミクス」は、第二、第三のボタンの掛け違えに向かわざるをえない。その第二のボタンの掛け違えを示すのが、デフレ退治のための金融政策である。すなわち、「完成版アベノミクス」の第一の矢「量的金融緩和策」が、掛け違えの第二のボタンとなる。なぜ、この第二の矢が掛け違えのボタンになるかといえば、そもそもデフレを食い止めるためには、まず何よりも不況そのものの克服が必要であるにもかかわらず、量的金融緩和策は、不況打開の方は後回しにして、遮二無二もひたすら「量的金融緩和→デフレ克服」の道を突っ走ろうとするからである。アベコベのスタートラインにたつと、とんだ迷路に入り込んでしまうものであるが、「アベコベミクス」は獣道さながらの迷路を突っ走ることになる。

　「アベコベミクス」の迷路がたどり着くところは、他ならぬ「バブルの世界」である。というのは、「デフレ克服→不況打開」の見通しにたつと、ただ物価を引き上げ、デフレ状況を克服することに成功しさえすれば、その結果として不況は打開されるはずだ、と考えるからである。デフレ克服＝物価上昇が当面の至上命題になれば、たとえそれがバブルによるものであったとしても、気にする必要はない、ビビる必要はない。ここからアベノミクスは「バブルの世界」に突入してしまうのである。だが、ここでは結論を急がないことにしよう（この論点は、次章で立ち返る）。早とちりすると、アベノミクスの二の舞を演じることになりかねない。いまここで検討しておくべきことは、アベノミクスがそもそもアベコベミクスになってしまった出発点の問題点、すなわち「デフレ→不況」の因果関係ではなく、実際には「不況→デフレ」の流れが問題なのだ、という点を確かめておくことである。

2　現代日本のデフレ不況の正体

需給ギャップ拡大によるデフレ不況の進行

現代日本のデフレ不況は、いったい、どこに根ざして進行してきたものか。アベノミクスが立脚する「デフレ→不況」の推論ではなく、「不況→デフレ」の因果関係が本筋であることを確かめるためには、そもそも現代の不況とは何を意味するか、という点に立ち返ってみる必要がある。ただし、現代日本のデフレ不況の根源に目を向けていくと、本書プロローグで述べた現代資本主義に内在する「絶対的矛盾」にぶちあたらざるをえない――このことを予告しておいて、いったい現代日本のデフレ不況の正体は何なのか、という点を探っていくことにしよう。

きわめて常識的なことだが、不況とは、商品が売れない状況が全般化している状態をさす。現代日本のデフレ不況もその例外ではない。全般的に売れ行きが悪いというのは、物やサービスの生産・供給が需要を上まわっていることの反映である。一方での過剰な生産能力と供給、他方での過少な購買力と需要、この双方のあいだの需給ギャップ（乖離）がデフレ不況を生みだすわけである。

現代日本には、自動車や電機製品、衣服品、家具・雑貨、食料品、小売り、情報・サービス等、物やサービスの生産・供給ではあり余るほどの力がある。これは、大企業であろうと、中小企業であろうと、変わりはない。たとえば、地方の町の商店街がシャッター街になってしまうのは、商店の棚にはたくさんの商品が並べられているにもかかわらず、それが売れないから、客が来ないからである。大企業のシャープが不振に陥ったのも、シャープ製の高品質液晶パネルが不足しているからではなく、作っても売れないからである。資本主義経済の不況とは、あり余るほどに商品・サービスを供給できる能力がありながら、需要や購買力が不足していること、つまり過剰生産による不況をさすのである。

だからこそ、大不況に立ち向かったケインズは有効需要（実際に購買力をもった需要）の不足を問題にしたのであるが、この需要は、大づかみにいうと、「国民の消費」と「企業の投資」の二つに分かれる。前者は「消費需要」、後者は「投資需要」と呼ばれる。マルクス経済学では、前者は「消費手段に対する需要」、後者は「生産手段に対する需要」となる。物やサービスの生産・供給能力があふれるばかりにある日本において、もしこれらの消費・投資需要がともに不振に陥り、全般的に需要不足になるとすれば、国民経済全体がデフレ不況に襲われることになるのは、誰もが容易に理解できることだろう。消費・投資需要全般にたいして供給・生産能力が上まわっている場合には、いわゆる相対的過剰生産恐慌が発生する。「相対的」というのは、需要に比較して供給が過剰である、という意味である。

産業全般におよぶこの相対的過剰生産恐慌が、なぜ資本主義のもとで起こらざるをえないのか、しかも間歇的・周期的に発生するのか、という点を解明するのが恐慌論の課題である。やや余談になるが、日本のマルクス経済学は、戦後の比較的早い時期から、この恐慌論において、世界でもトップ水準といってよいほどの、きわめて高い緻密な理論を築いてきた歴史をもつ(3)。ここでは、そのさわりの論点をいくつかあげておくと、①恐慌は究極のところ、生産能力の飛躍的発展・拡張と狭隘な消費による制限、つまり生産と消費の矛盾に基礎をおいたものである、②好況は「投資が投資を呼ぶ」という形の投資需要の活発化に引っ張られるようにして進み、その過熱化のなかで過剰生産能力が潜在的に積み上げられる、③一定の時期に需給ギャップが頂点に達する基礎には固定資本に固有な回転様式(更新・補塡の一挙性と価値移転の漸次性)の作用がある、④競争と信用制度が過剰生産の激発性を必然化する、⑤飽くなき利潤追求に走る資本の運動そのものが、たとえば資本の絶対的過剰を呼び起こして恐慌の引き金になる、といったものである。ただ、ここでは、深くは立ち入らない。いまここで重要な点は、需給ギャップの拡大による恐慌の勃発は資本蓄積の必然的帰結だ、ということである。

現代の新自由主義は、資本主義の基本的な矛盾を、その生来の姿をむき出しにするような形で露顕するから、需要不足による需給ギャップの拡大を呼び起こさずにはおかない。実際に、一九九〇年代後半以降のデフレ不況の要因は需要不足による、特に国民サイドの消費需要不足によるものであった(名目GDP成長率が実質成長率を下回るデフレ現象が進行し始めるのは、統計的にみると、九〇年代後半からである)。ここで、一般の国民家計による消費不振が重要になるのは、日本の国内経済のおよそ六割が家計消費によって支えられているからである。概していえば、先進資本主義諸国のGDPは、支出面からみると、アメリカの約七割を筆頭にして、六割以上は家計支出から成り立っているものである。言いかえると、国民の家計消費は国内の需要の約六割を担って、日本経済の大黒柱の役割を果たしている。この大黒柱が細くなってしまうと、日本経済全体ががたつくことになるのは、誰にもわかることだろう。

現代日本の雇用破壊と大衆的所得・消費の不振

問題なのは、なぜ国民家計の消費需要が低迷・不振に陥ったかである。その理由は、比較的簡単である。国民大衆の所得の下落・低迷、これがその解答である。大衆の所得が悪化すれば、国民の購買力が衰えることになるから、それだけ消費は不振に陥らざるをえない。その結果が消費デフレの進行だったのである。

実際に、日本の勤労者の所得は、およそこの一五年ばかりの間に、月額にして約五・五万円少なくなっている。たとえば、厚労省「毎月勤労統計調査」によると、日本の労働者の平均給与が一番よかったのは一九九七年の三七・二万円、これが二〇一一年には三一・七万円に減少している。この九七年をピークにした勤労世帯の所得低下傾向は、可処分所得の動向を見ても確かめることができる。九七年の月額五〇万円弱の可処分所得は、一一年には、七・五万円ばかり減って、四二万円強に落ちている（**図2**）。

国税庁「民間給与実態統計調査」でも、だいたい同じような傾向がわかる。民間平均給与（賃金）が一番よかったのは、一九九七年の年収四六七万円、それが、最近では四一〇万円前後に下がっている。月収にすれば約五万円の減収である（**図3**）。ここで注意しなければならないことは、図2・3が

図２　可処分所得(月額)と消費者物価指数の推移

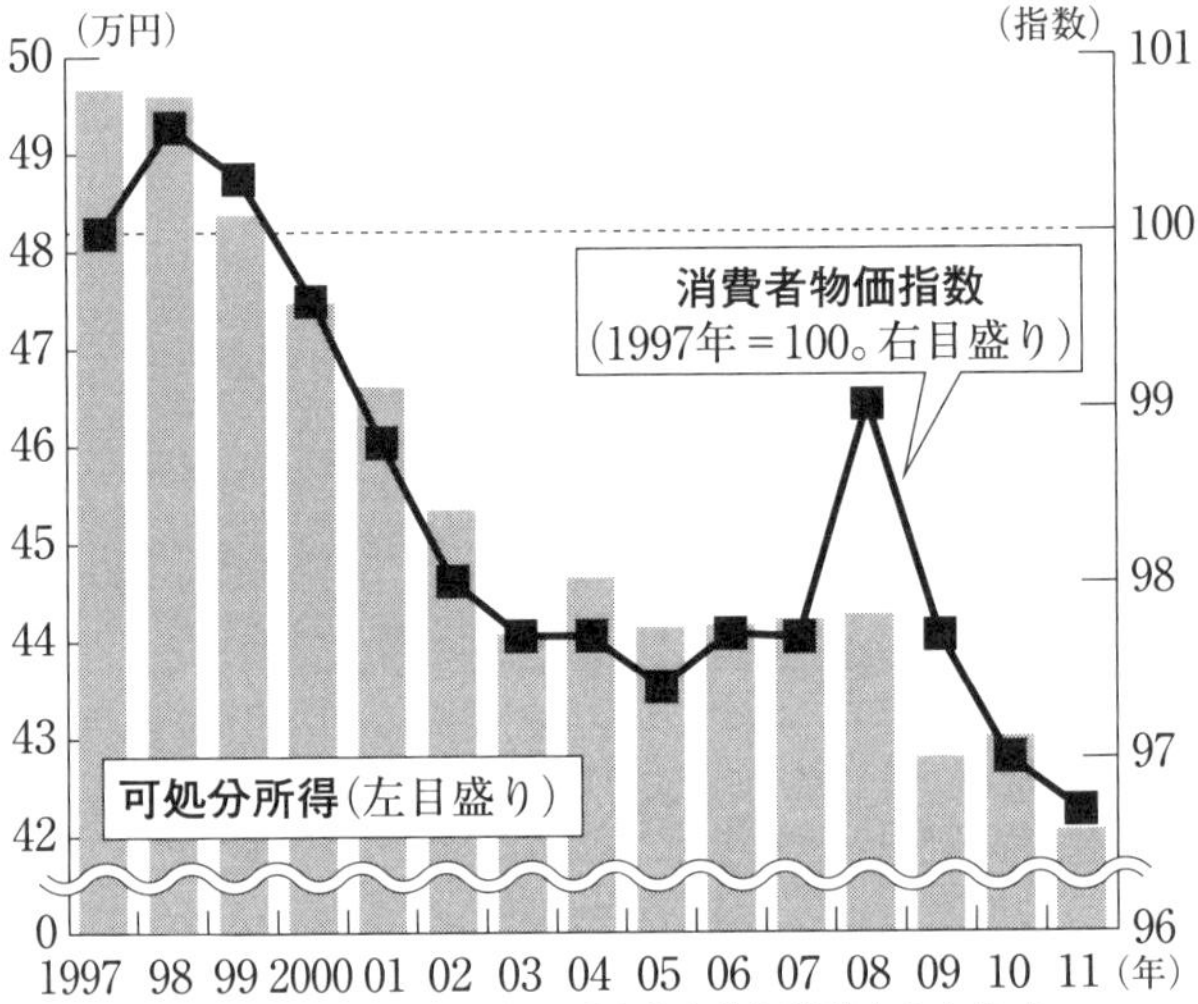

注１：総務省「家計調査」「消費者物価指数」から作成。
２：可処分所得は2人以上の世帯のうち勤労者生体の平均。

出所：「しんぶん赤旗」2013年1月17日。

ともに示しているように、勤労世帯の所得が低下するのにあわせて、消費者物価が下落し、一般物価も低迷・下落傾向のもとにおかれてきたことである。

要するに、日本では、一九九〇年代後半以降、「勤労世帯の所得低下」「消費需要の低迷・不振」「消費者物価の下落」の三つが連動して進んだ、ということである。国民多数の所得が減り、消費が伸びなくなり、物価が下落するようになった――この因果関係は、特別に経済学の知識がなくても、誰にもわかる簡単なことである。ところが、アベノミクスは、「いやデフレが問題の根源であり、国民の所得の落ち込みや消費の衰えは、まず物価の下落に原因がある」と主張するのである。この主張が「アベコベミクス」といわなければならない理由は、常識に照らしてみて、もはや明らかであろう。

ここでは、「アベコベミクス」にはしばらく別れを告げて、常識にそった話を進めなければならな

図３　物価の前年度比と平均年収の推移

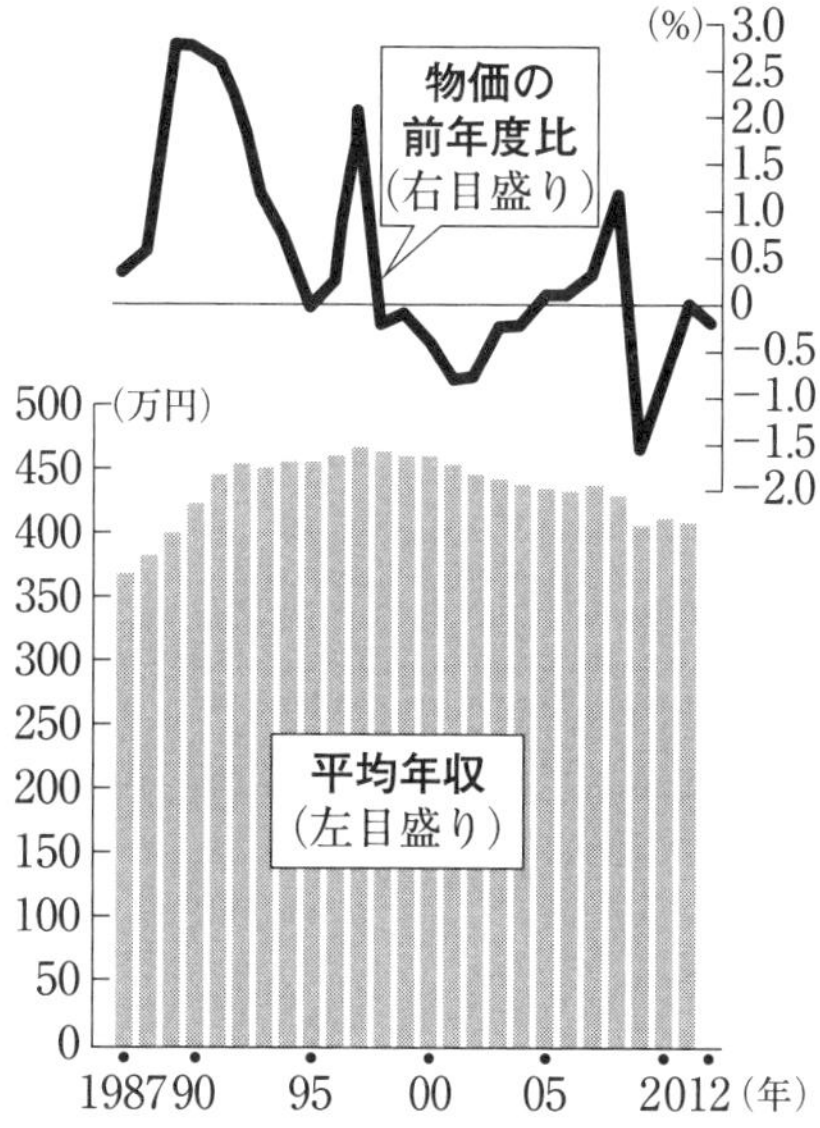

出所：「朝日新聞」2013年4月27日。

い。問題は、国民大衆の所得が低下したことがデフレ不況の基本的要因であったとすれば、なぜ所得が減ったのか、という点にある。勤労世帯の所得が落ち込んだ理由も、簡単なことである。一言でいえば、雇用の破壊、これが賃金・所得低下の主要な原因にほかならない。雇用の破壊が進み始めた時期も、所得が落ち込み、デフレ現象が進み始めた時期も、ほぼ同じ、九〇年代後半からである。この時期、財界は「新時代の日本的経営」の名で、長らく伝統とされてきた日本的経営の本格的見直しに着手することになった。

日本的経営とは、一般的に、三種の神器と呼ばれた「終身雇用」「年功制賃金」「企業別組合」の三方式をさす。この見直しを、財界は「国内高コスト構造の是正」だとか「護送船団方式の廃止」「総人件費の圧縮」の合言葉のもとで進めようとした。正社員を中心にした年功制賃金による雇用は、会社丸抱えの護送船団方式にほかならない。年功賃金のもとでの終身雇用は、国内の高コスト構造の元凶である。国際競争で打ち勝つためには、総人件費の圧縮・抑制によって、高コスト構造を改めなければならない。こう叫んで、九〇年代後半以降、財界は日本的経営の見直しに突き進んだのである。

ここから、①雇用破壊の結果、低賃金の非正規労働者が増大し、②それに押されるようにして正規社員の賃金も上がらず、抑え込まれることになった。勤労世帯の平均所得が低下傾向をたどるようになったのは、このためである。この「雇用破壊→勤労者所得の下落」という流れに、先述の「勤労世帯の所得低下→消費需要の低迷・不振→消費者物価の下落」という流れを結びつけると、「雇用破壊→国民の賃金・所得の下落→家計消費の低迷→内需不振→デフレ不況の進行」という推論が導き出される。この推論は、すでに多くの論者によって分析され、主張されてきたことだから、ここではこれ以上、詳しくはふれない。まともな経済学者なら、すべて例外なく、現代日本のデフレは賃金デフレに起因する、賃金抑制がデフレの最大要因、デフレ不況は賃金下落による、と口をそろえて主張する。(4) 白川方明総裁期の日銀も、賃金が上昇して消費需要が高まらない限り、デフレからは脱却できないと主張してきた。

これらを簡単にいうと、現代日本のデフレ不況は、財界の新自由主義にもとづく日本的経営の見直しを起点にして始まった、ということである。したがって、現代日本のデフレ不況とは、新自由主義的蓄積の帰結にほかならない(**図4**)。本書プロローグで用いた言葉でいうと、新自由主義的蓄積のもとでの「絶対的矛盾」のあらわれを意味する。ただ、この「絶対的矛盾」は労働者サイドの賃金・消費動向にあらわれるだけではなく、企業・資本サイドにもあらわれる。

図4　新自由主義的蓄積の一般的帰結

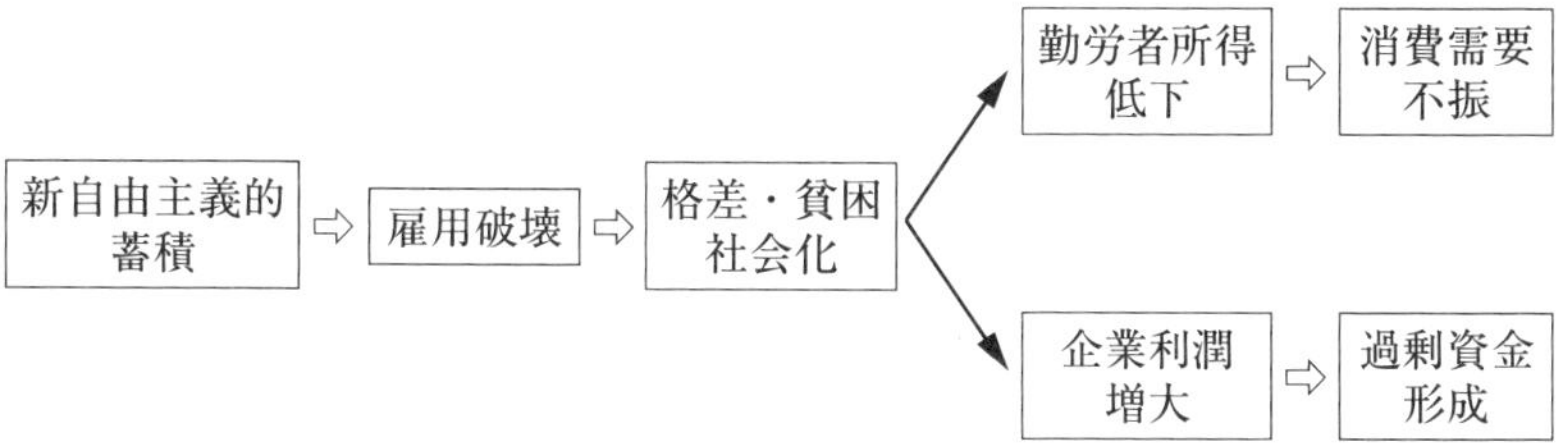

格差・貧困社会化のなかの過剰資金の形成・集積

労働者の賃金・所得が悪化したということは、労資間の所得分配において、労働分配率が下がったことを意味する。逆にいうと、資本分配率が高くなること、つまり企業の利潤が上昇したということである。(5) 労働者の賃金と企業の利潤の関係は、一方が上がれば他方は下がるという対立的関係の典型である。両者の敵対的対立関係は、資本主義のもとでは、永遠に和解することのできない「絶対的矛盾」である。

念のために述べておくと、労働賃金と企業利潤が、両方とも同時並行的に上昇したり、下降したりすることはあり得ることである。たとえば、企業が大儲けをした場合に、賃金・利潤が両方ともに上がり、逆に、大損をした場合に、両方揃って沈む、というケースが考えられる。だが、いつの場合であっても、労働分配率と資本分配率の二つが同時に上がったり、下がったりすることは、考えられないし、およそできない相談である。分配率は、あたかも綱引きのように、一方が伸びれば、他方が縮む。だから、労資間の分配率は敵対的な「絶対的矛盾」を表現するのである。

実は、資本主義のもとでの格差・貧困社会化とは、この「絶対的矛盾」の深化を物語るものにほかならない。というのは、資本主義のもとでの格差社会化とは、まず何よりも労資間の分配率格差の広がりを意味し、貧困化とは賃金労働者層における貧困の増大、深刻化を意味するものだからである。その意味でいえば、現代日本のデフレ不況は、新自由主義的蓄積のもとでの格差・貧困社会化（＝絶対的矛盾）が呼び起こしたものだ、といってよい[6]。

そこで、この同じ格差・貧困社会化の過程において、同時に、貧困の対極に膨大な企業利潤が集積される。この企業利潤が、二〇〇八年夏のリーマン・ショック後の「ウォール街占拠運動」のいう「九九％対一％の世界」をつくりだしたのである。格差・貧困社会化のもとでの「九九％対一％の世界」が最も典型的にあらわれたのが、まさしくウォール街であった。

スーザン・ジョージは「一％」のウォール街住人を語って、彼らは貧困になろうとしても、もはや決して貧困になることのできない人びとである、と形容している。この世に生きているかぎり、どうあがいても、決して貧困になることができない人びと――これが富豪の定義だというのである。なぜ、彼らは貧しくなろうとしても、なることができないのか。彼女はこう説明する。ウォール街の富豪は、毎日毎日およそ一三・七万ドル（一ドル＝九〇円換算で約一二〇〇万円）以上使わないと、自動的にますます金持ちになってしまう人びとのことである[7]。一年三六五日、毎日欠かさず、一〇〇〇万円以上もの金を使わなければならない生活は、いかにも、一日一ドル＝一〇〇円の生活を続けるのと同じほどの、不可能事である。一日につき一〇〇〇万円以上も浪費していかないと、いやでも金が増えてしまうほどの富裕とは、「過剰富裕」としかいいようがあるまい。

貧困の対極にあるこの「過剰富裕」とは、言いかえると、過剰資金の存在を示すものにほかならな

図5　企業の内部留保と平均給与

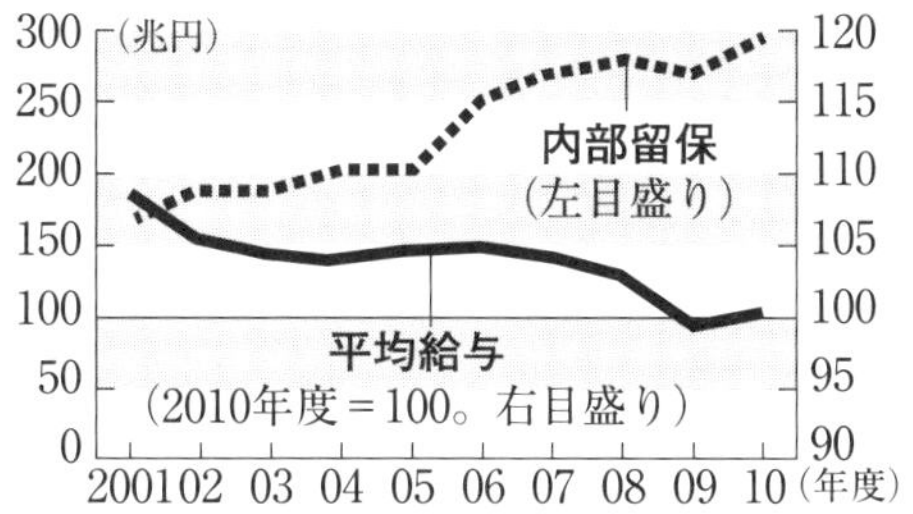

出所：「朝日新聞」2013年2月6日。

い。日本がアメリカと違うのは、この過剰資金が、一部は富裕層にまわるものの、主に大企業・銀行のもとに集められていることである。それを物語るのが、資本金一〇億円以上の上場企業の二六〇兆円以上に達する内部留保である。(8) ただし、内部留保の形をとった過剰資金が増加した基本的理由は、アメリカと同じ、労働分配率の低下、資本分配率の上昇によるものであった。このことは、**図5**によって、確かめることができる。賃金の低下傾向と内部留保が増大傾向とが、二一世紀初頭の一〇年間、続いてきたのである。

　したがって、新自由主義的蓄積のもとでの格差・貧困社会化は、一方での雇用破壊、賃金下落をつうじた消費需要の萎縮・低迷、内需不振と、他方での企業利潤の増加、内部留保の増大、というきわめて対照的な事態、つまり「九九％対一％の世界」をつくりだしてきた、といわなければならない。ここにデフレ不況の正体があるとすれば、問題なのは、このいかにも歪んだ世界が、これまでのところ、崩壊・瓦解することなく、それなりに続いてきた理由である。次に、この点に目を向けておこう。そうすれば、先述のアベノミクスの三本の矢がいかなる意味をもつかが、より鮮明になるはずである。

3　新自由主義的成長の三パターンと一時的均衡

外需依存・投資主導型の日本的成長パターン

新自由主義的蓄積が、①大衆的所得・消費の低迷による内需不振に起因したデフレ不況を呼び起こすこと、②それとは対照的に企業サイドの利潤の増加による過剰資金の形成・集積を進めること、これら二点については前節でみてきたとおりである。いま、考えてみなければならない点は、ここで、もし企業が増大する利潤を再投資に振り向ければ、国民経済全体としては、消費需要は低迷しているものの、投資需要が活発化して、それほどの内需不振に襲われることはない、ということである。内需は「消費需要プラス投資需要」によって構成されるから、消費需要の不足を投資需要の増加が補えば、内需はそれなりに安定する。この可能性が考えられるわけである。

だが、日本の大企業は旺盛な投資需要によって国民の消費不足を補い、内需を活性化して、経済を成長させる道に向かうことはなかった。それは、なぜか。

第一の理由は、日本の財界主流が多国籍型大企業（世界企業）で構成されているためである。世界企業は一国内の市場ではなく、グローバルな市場を相手にした大企業であり、いまでは内需以上に世界に広がる外需を重視する。第二に、世界企業は投資先を選ぶときに、国内外を問わず、グローバル視点に立った最適立地・投資を選択する。第三に、世界企業は内需に依存して伸びる道以上に、世界市場を相手にした国際競争力の強化を第一にした戦略をとる。

こうした新自由主義的蓄積の特質については、すでに本書プロローグでふれた。日本の財界は、この新自由主義的蓄積のコースにそって、「外需依存・投資主導型成長戦略」をとってきたのである。この戦略では、まず内需の不足を外需に依存して補填するコースがめざされる。低迷・不振にあえぐ内需を尻目に、多国籍企業は海外に目を向け、世界市場に足を伸ばそうとするのである。この戦略が功を奏すれば、国内では、それなりに外需目当ての投資が伸びることになる。そうすると、国内における消費需要の不足は、企業の投資需要の増加によって補われることになる。

こうした外需依存・投資主導型成長で決定的に重要な点は、内需の不足を外需で補うという起点にある。[9] この起点が、「九九％対一％」のいびつな世界をそれなりに維持するときの鍵を握るわけである。この外需依存の決定的意義を、たとえば政府系各種審議会で活躍してきた吉川洋（東大）もこう指摘している。

二〇〇二年一月を景気の「谷」とし、〇七年一〇月を景気の「山」にした「景気拡大期における輸出の成長への寄与率は六割を超えていた。過去の景気循環の経験に照らしても、まさに突出して『輸出依存』の景気回復であったのである。／逆に、二〇〇八年九月、リーマン・ブラザーズの破綻で頂点に達した国際金融危機から、世界経済が同時に不況に陥ると、輸出は激減し、それとともに、日本経済はマイナス成長に陥った。〇八年の不況もまた輸出主導だったのである。[10]」

ここで吉川が指摘しているとおり、「デフレ下の景気上昇」も「景気下降」も、ひとえに輸出＝外需依存の効果によるものであった。ただし、こうした外需依存・投資主導型成長は、新自由主義的蓄積に見舞われた世界各国に共通していた、というわけではない。新自由主義的蓄積による内需不振は、理論的にみても、外需以外に、さまざまなかたちで補塡されるケースが考えられる。デフレ不況打開を的にしたアベノミクスの三本の矢を検討する準備作業として、いま少し、この点に目を向けておくことにしよう。

内需補完の成長パターンの三類型

日本に限らず、実は、新自由主義的蓄積に主導された先進諸国の経済は、二一世紀に入って以降どこでも、内需不振に悩まされることになった。というのは、格差・貧困社会化が進み、九九％層の消費購買力が衰退していくところでは、内需の大黒柱である消費需要が不振・低迷に陥るのは当たり前だからである。新自由主義的蓄積は、世界各国において、国民経済内部に「家計消費不振→内需低迷→経済成長低下・鈍化」の傾向を呼び起こすのである。

ただ、すでに述べたように、国民経済を左右するのは家計による消費需要だけではない。家計消費の需要不足を補う他の需要が存在する。家計消費以外の他の需要には、GDP統計の需要項目を並べていうと、①民間投資需要、②公共的消費・投資需要、③外需（輸出）の三つがある。もしこれらの需要が家計消費の需要不足を補うことになれば、それはそれで国民経済を維持・成長させる要因となる。実は、リーマン・ショックを契機にした世界恐慌以前の先進諸国は、家計消費の需要不足を補う他の需要の力が働き、成長率に違いはあっても、それなりに維持されてきたのである[11]。

これをここでは、新自由主義的成長パターンと呼んでおくことにしよう。このパターンが成立する場合、一時的ではあれ、「九九％対一％」の歪んだ世界が均衡する。

第一は、バブルが内需を喚起するケースである。いまでは周知のとおり、二〇〇八年金融恐慌以前のアメリカの成長パターンは、このバブル依存型の典型を物語るものであった。アメリカ経済は、民間家計消費が不振に陥りそうになるところを、住宅・証券バブルのもとでの債務依存型消費（借金による消費）の拡大で食い止めてきた。新自由主義の総本山にふさわしく、アメリカは世界中の過剰資金を集め、バブルを膨らませながら、放っておけば不振に陥る消費需要を債務依存型消費で支え、いわば内需のバブル化をはかったのである。

ヨーロッパでも、不動産・信用バブルに依拠して消費・投資需要を拡大するパターンが、たとえばスペイン、ポルトガル、アイルランド等でみられたが、ギリシャでは公共的投資・消費の拡張で内需の冷え込みをカバーする道を歩んだ。ギリシャで民間の投資需要に依拠することができなかったのは、ドイツ、フランス、オランダ等の企業によってギリシャ企業が駆逐されたからである。

つまり、第二のパターンは、ギリシャに一典型をみるような、不足する内需を消費・投資の両面から公需がカバーするパターンである。公需とは、公的投資・消費需要のことである。これは民需の不足を公需でカバーするタイプにあたるから、ケインズ主義的成長パターンとみなすことができる。ポイントは、公的部門が借金による財政支出に走る点にある。つまり、債務依存型財政支出が消費・投資両面の民需不足を補う、という点にあった。いうまでもないが、この成長パターンはいったんそれが崩れると、その後に膨大な公的債務を残すことになり、財政危機を誘発する。

第三が、内需の不足を外需でカバーする外需依存のパターンである。ただし、このタイプの成長は、グローバルに広がる外需をとりこむほどに高い競争力をもった企業・国に限られる。ヨーロッパではドイツが、そしてアジアでは日本が、この外需依存型成長の道をたどった。この外需依存型成長がある程度持続する場合には、外需に依存した国内外の投資もそれなりに伸びる。この場合、内需は投資主導型の性格をもって成長することになる。したがって、この第三パターンは、外需依存・投資主導型成長パターンと呼ぶことができる。

日本がこのタイプに属することは、すでに述べたが、EUでは、ドイツが主にユーロ圏の外需市場を相手に輸出を伸ばし、それに誘発された内外投資で成長したので、このパターンに属する、ということになる。日本にとって主たる外需は、金融危機以前はアメリカ、以後は中国・アジアからのものであった。日本がドイツ（およびフランス、オランダ、北欧諸国等）と違うのは、公・民双方の消費需要が低水準に抑えこまれているために、それだけ強く外需に依存せざるをえなかったことである。EU諸国以上に民間の家計消費が低水準に抑え込まれたのは、いうまでもなく賃金抑制の結果、そして、公的消費が低水準にとどまったのは未熟な福祉国家の結果である。

いま重要なことは、こうした日本の外需依存・投資主導型成長路線が、金融危機以降、軌道修正されることなく、むしろ維持・強化に向かったこと、さらにこの成長パターンの道に入り込むと、国民国家が（プロローグで述べた）競争国家化の方向に向かう、ということである。競争国家とは、グローバル市場を相手に、個人・企業・地域・産業・政府等のあらゆる領域にまたがる国際競争力の強化を第一にした国家のことであった。この競争力第一主義は、新自由主義的蓄積の主役である多国籍企業がとったスタンスであったが、これがいわば国是とされるわけである。なぜなら、グローバル市場を相手に外需依存・投資主導の道を続けようとすれば、内需の拡充というよりも、個人から企業、政府まで、グローバルな競争力の強化を第一とする路線にはまり込まざるをえないからである。その意味で、新自由主義的蓄積が、外需依存・投資主導型成長の軌道上で、国民国家の競争国家化を呼び起こす、といってよい。

もちろん、これらは新自由主義的蓄積のもとで起こる各国の成長パターンを大づかみで類型化したものにすぎず、世界各国の実態はより複雑であり、三類型におさまらないタイプや雑種的なものが多いといわなければならない。この点を承知したうえで、いまここで成長パターンに目を向けたのは、アベノミクスの性格を明らかにするためである。この点にふれて本章のまとめとしよう。

おわりに――三本の矢の総括

本章では、まずデフレ不況の原因を「デフレ↓不況」の因果関係に見るアベノミクスがアベコベミクスにほかならないことを確かめた。デフレ不況は「不況↓デフレ」の関係から把握しなければならない。デフレ不況の正体は、国民家計の所得・消費の低下・低迷に起因する内需不振にある。これが本章の一結論であった。

そうすると、デフレ不況打開を標的にしたアベノミクスの三本の矢は、①賃金の上昇を始めとする国民の所得向上、②家計消費を中心にした内需（国内需要）の底上げ、このいずれかに向かわない限り、的を見事射ぬくことにはならない、ということになる。だが、本章冒頭の**図1**にまとめておいたように、三本の矢は、「的に届かぬ矢」「的をかすめる矢」「的外れの矢」として、いずれも上の二つの課題を達成するものではなく、的のど真ん中を射抜くような矢ではなかった。アベノミクスが腰折れ同然の効き目をもたないものにとどまるのは、その三本の矢が、せいぜいのところ、一時的な新自由主義的均衡をねらった三つの成長パターンに属するからである。これが本章の結論となる。

まず、第一の矢の量的金融緩和策は、三つの成長パターンに引き寄せていえば、バブル依存型の成長をねらったものである。これはかつてのアメリカ型均衡をねらったものである、といってもよい。だが、バブル依存型の成長とはすでに破綻済みのもの、とうてい所期の目的を達成する矢とはいえない（この点は、次章で検討する）。

第二の矢の機動的財政出動は、どうか。これは、公需依存型の成長パターンである。ここであげた例でいうと、ギリシャ型のパターンである、といってもよい。ギリシャ型と違うのは、アベノミクスの場合、公需といっても、公共事業のバラマキが中心になっている点である。だが、この矢も、すでにギリシャおよび南欧諸国の危機が実例をもって示しているように、デフレ不況打開の道につながるものではない（この点は第3章で検討される）。

第三の矢としての成長戦略は、日本にとっては「いつか来た道」への回帰にすぎない。なぜなら、アベノミクスの成長戦略は、相変わらずの「グローバル競争国家」をめざしたものにすぎないからである。他ならぬデフレ不況を呼び起こしてきた外需依存・投資主導型成長に再び立ち戻って、デフレ不況の打開をはかろうとするのは、いわば「毒をもって毒を制する処方」、無謀というべき的外れ策である（これは第3章および補論でもう一度検討する）。

以上の点を確かめておいて、以下、三本の矢それぞれにそくして、いま少し詳しくアベノミクスを検証していくことにしよう。

（1）アベノミクスに与する後述の岩田規久男、若田部昌澄らは、ここから、苦し紛れに、ケインズ主義的な財政出動は新自由主義的金融政策を稼働させるための一時的な方便だ、と言い逃れをしている。

（2）この経済学の通説とアベノミクス的非常識の違いを示す好例は、たとえば前者に属する吉川洋『デフレーション』日本経済新聞出版社、二〇一三年、後者に属する岩田規久男『リフレは正しい』ＰＨＰ研究所、二〇一三年、若田部昌澄『解剖　アベノミクス』日本経済新聞出版社、二〇一三年に見ることができる。余談ながら、吉川は福田・麻生・菅・野田政権のブレーン的役割を担った人物であり、岩田、若田部はアベノミクス派である。

（3）代表的なものをあげておくと、林直道『恐慌の基礎理論』大月書店、一九七六年、富塚良三『恐慌論研究』未来社、一九六二年、同『経済原論』有斐閣、一九七六年、井村喜代子『恐慌・産業循環の理論』有斐閣、一九七三年、置塩信雄『蓄積論第二版』筑摩書房、一九七六年等である。これらの著作と、たとえば、デヴィット・ハーベェイ、森田成也他訳『資本の〈謎〉』作品社、二〇一二年で紹介されている欧米における恐慌論と比較すれば、日本の恐慌論の水準の高さがわかるはずである。

（4）　たとえば、比較的最近の例をあげておくと、梅原英治「財政危機の原因と、打開策としての福祉国家型財政」（二宮厚美・福祉国家構想研究会編『福祉国家型財政への転換』大月書店、二〇一三年所収）、山家悠紀夫「『アベノミクス』では暮らしはよくならない」『世界』二〇一三年四月号、赤木昭夫「日本財政の結末」同上、大瀧雅之『平成不況の本質』岩波新書、二〇一一年、吉川洋、前掲書等。

（5）　「国民経済計算」（SNA）の「雇用者報酬」総額でみると、雇用者報酬のピークは一九九七年の約二八〇兆円、これが最近（二〇一〇年、一一年）では二五〇兆円を切る水準に落ち込んでいる。

（6）　ここで、現代日本の格差・貧困社会化を労資間の分配率格差に起因することを強調したのは、二〇〇五年から数年の間、書店での「格差・貧困問題コーナー」を飾った大量の流行本の大半が、労資間の階級的格差をほとんど問題にせず、国民諸階層内部の格差にだけ目を向けていたこと、したがって、いまあらためてデフレ不況の正体やアベノミクスの欺瞞性を問題にしなければならないときに、それらの「格差・貧困本」はほとんど役にたたず、またその著者たちも世界に広がる「一％対九九％の対立」を正面から論じなくなってしまっているからである。この点については、二宮厚美『格差社会の克服』山吹書店、二〇〇八年参照。

（7）　スーザン・ジョージ、荒井雅子訳『これは誰の危機か、未来は誰のものか』岩波書店、二〇一一年、九〇―九六頁。なお、本書は、新自由主義こそが全世界にまたがる格差・貧困社会化の元凶であることを明確に指摘している。

（8）　醍醐聡は、資本金一億円以上の企業の内部留保（二〇一二年九月期決算で二一七兆円）を本書でいう過剰資金とみなし、内部留保税を課すべきだ、仮に一％の税率でもおよそ二・二兆円の税収を期待できる、と主張している（「朝日新聞」二〇一三年三月二二日）。

（9）　この点については、二宮厚美「世界同時不況と新自由主義の転換」渡辺治・二宮厚美・岡田知弘・後藤道夫『新自由主義か新福祉国家か』旬報社、二〇〇九年参照。

(10) 吉川洋、前掲書、三二―三三頁。引用文中の図表は省略した。
(11) この点については、二宮厚美『新自由主義からの脱出』新日本出版社、二〇一二年、第二章参照。

第2章

アベノミクス第一の矢が飛ぶ
アベコベミクスのコース

はじめに――「不況打開」の「デフレ対策」へのスリカエ

アベノミクスが放つ第一の矢は、量的金融緩和策であった。なぜ金融緩和がアベノミクスのデビュー策となったのか、それは消費税引き上げの実施に向けて、デフレ対策が必要とされたためである。デフレ現象の克服には、世間に流通する通貨量を増やすことが肝心であり、そのためにはまずは何より大規模な金融緩和策を進めることが求められる。量的金融緩和策が登場するこのような背景については、すでに前章で述べた。

安倍首相が、公然と「日本銀行は無制限の金融緩和を」と主張するようになったのは、二〇一二年一一月中旬、師走総選挙のおよそ一ヶ月前の頃であった。たとえば彼は、一一月一七日、熊本での選挙演説において、「二%、三%の物価目標を持って、無制限に日銀はお札を刷っていく。目標に到達できなかったら総裁に責任をとってもらう」と、日銀法の改正を口にし、「建設国債を全部日銀に買い取らせる」とまで述べた。さすがにこの発言については、数日後、彼は「日銀が建設国債を『買いオペ』で市場から買っていく。じかに買うとは言っていない」と弁明することになったが（以上は「日本経済新聞」一二年一一月一七日、二二日、「朝日新聞」一二年一一月二一日、二二日による）、「建設国債の買いオペ」という勇み足まで犯して、金融緩和策を強調したのは、「デフレ克服→消費増税の実施」というシナリオがアベノミクスの原型であったことを物語るものであった。

ここで注意しておかなければならないことは、すでにこの原型アベノミクス段階において、「デフレ不況打開↓消費増税実施」の筋書きが「デフレ対策↓消費増税実施」の論理にすり替えられている、ということである。この点は前章でもふれておいたが、「不況打開」と「デフレ対策」とでは、その意味合いは大きく異なってくる。なぜなら、デフレ対策は、端的にいって、物価を引き上げさえすれば、一応成功したということになるが、不況打開となると、物価を少々引き上げたくらいでは、なんの解決にもならないからである。

この「不況打開」の「デフレ対策」へのスリカエが認められるのは、デフレを克服すれば自ずと不況は打開される、という「デフレ対策↓不況打開」の論理が成立する場合である。だが、経済学では、これとは逆の「不況打開↓デフレ克服」の論理が通説である。つまり、「デフレ対策↓不況打開」の論理は、ものごとの順序をアベコベにとらえる「アベコベミクス」にほかならない。では、このアベコベミクスは、いったい、どういう考え方でなりたっているのか、アベノミクスの第一の矢が飛ぶ先をみるためには、この「学説」を検討しておかなければならない。

そこで、本章では「アベコベミクス学説」をまず検討するところから開始することにしよう。

1　アベコベミクスの「学説」的基礎

アベノミクスの現実的始動

安倍自民党総裁が、総選挙直後にやったのは、日銀白川総裁（当時）にたいする直談判であった。

総選挙の翌々日の二〇一二年一二月一八日、彼は早々と白川総裁と面談し、インフレ・ターゲット策の採用を迫った。インフレ・ターゲット策とは、一定の物価上昇率をターゲットとして、その目標を達成するまでは量的金融緩和策を断固としてとり続けるという金融政策のことである。安倍総裁は、選挙に勝利した勢いで、二％の物価上昇率を目標にしたインフレ・ターゲット策を日銀につきつけたのである。その三日後、日銀は、それまでの物価上昇率一％をメドにした金融政策を二％物価上昇率目標にあらため、事実上、インフレ・ターゲット策に踏み切ることになる。

年が明けて、二〇一三年一月二二日、政府と日銀は共同声明（＝政策協定）において、インフレ・ターゲット策の採用を公式のものとして発表した。これにたいして、日銀ＯＢからは、「日銀は死んだ」という声があがったという（「朝日新聞」一三年一月二四日）。日銀ＯＢでもある湯本雅士（杏林大）は、インフレ・ターゲット策をめぐるこれまでの経過を、「低成長と低物価上昇率の併存状態が持続する過程で、業を煮やした経済界・政界、そして学界の一部からも、日本銀行に対してインフレ目標の設定と、それを達成するための長期国債の大量購入を求める声が相次いだ」と紹介しているが、日銀は、業を煮やした一派の圧力に屈したのである[1]。

その後、安倍政権は、日銀総裁の首をすげ替え、インフレ・ターゲット策の徹底に向かう。それが、二〇一三年四月以降、黒田新日銀総裁のもとで採用される「異次元の金融緩和策」である。黒田は、四月四日に日銀金融政策決定会合で採用された新政策を、「これまでと次元の異なる金融緩和だ」、「現時点で必要な措置はすべて講じた」と自負してみせた。インフレ・ターゲット派の若田部昌澄（早大）は、これを絶賛して、「必要な増加の計算もほとんど完璧です」と褒めちぎっている。[2]

ざっとみて、これが、アベノミクスの第一の矢が実際に放たれるにいたる経過であるが、いま問題なのは、この矢を引くときのいわば弦にあたるのが「デフレ対策→不況打開」の論理であった、ということである。そこでここでは、この論理を出発点にして、第一の矢がどういう性格のものであるかを検討していくことにしよう。

すべての問題はデフレから始まるという説

この論理の出発点は、すべて問題はデフレにある、とする点にある。たとえば、若田部から「歴戦のリフレ派」と賞賛された岩田規久男（現日銀副総裁）は、「デフレを止めなければ何も始まらない」と述べている。[3]「すべての道はローマ」ではないが、不況も需要不足も、雇用悪化も賃金低下も、さらに財政危機も税収不足も、問題はことごとくデフレに起因しており、デフレをインフレに逆転しない限り、「何も始まらない」というのである。

では、デフレは何によって起こるのか。岩田の回答は、単純明快、「みんながデフレを予想するからです」というものである。彼は、「みんなが同じ予想をすると、それが実現します」と語り、だから、みんながデフレを予想するとデフレになってしまう、という。岩田のこの「学説」を読んだ方は、おそらく狐につままれたような気分に襲われるだろうが、アベコベミクスとは、所詮、最初からあやしげなものだ、と割り切ってもらって、いましばらく彼の話に耳を傾けることにしよう。

岩田によれば、みんながデフレを予想するということは、円とかドルの通貨価値が下がると予想することである。つまり、デフレ予想とは通貨価値に関する予想のことである。とすれば、通貨価値を左右するものを突き止めなければならない。通貨価値の予想を左右するものとは、何か。それは、政府ではなく、金融政策であり、その政策主体である中央銀行である。したがって、みんながデフレ予想に走るのを食い止めるためには、金融政策を変えなければならない。金融政策によって「みんなのデフレ予想」を切りかえることに成功すれば、デフレは退治できる。これが、岩田に代表されるリフレ派、インフレ・ターゲット派の「学説」である(4)。

いまこの「学説」で注目しておかなければならないことは、二点ある。第一は、デフレを通貨価値に引き寄せて理解していること、すなわち一つの貨幣的現象としてとらえていることである。第二は、予想の役割を重視していることである。予想とは、いうまでもなく、将来にかかわる一種の主観である。したがって、事実・実態にもとづいて客観的に確かめることのできない代物である。予想と結果は同じ場合もあれば、違う場合もある。このことをわきまえたうえで、予想と結果の関連を解明するのが、およそ社会科学一般の使命というべきであるが、岩田の「学説」は、のっけから、この要件を欠いたものにすぎない。このことを指摘しておいて、ここでは、まず前者の「デフレ＝貨幣的現象」説の検討から話をつづけていくことにしよう。

そのもとにある「貨幣数量説」

デフレを貨幣的現象とみなす見解は、いわゆる「貨幣数量説」と呼ばれてきたものである。貨幣数量説とは、諸商品の価格総額は流通する貨幣（＝通貨）量によって決まる、という考え方のことである。この数量説に立てば、市場に流通する貨幣（通貨）量が多くなると物価が上がり、少ない場合には、物価が下落する。これを貨幣＝通貨価値にそくしていえば、お金の量が多い場合には、お金の価値が下がるから物価が上がり、少ない場合には、お金の価値が上がるから物価は下がる、ということである。

この貨幣数量説にしたがえば、物価を上げるためには、お金の量を増やせばよい、ということになる。デフレとは物価の下落傾向を意味するから、これを食い止め、物価を上昇させる方向に逆転するためには、要するに、お金の量を増やしていけばよい。これが数量説の結論になることは、誰にもわかることだろう。岩田らの考え方は、この数量説にたっているのである。だが、これは経済学説としては誤りである。

事態の真相は、経済学の教科書風に説明すると、こうである。まず、社会の商品価格総額は、商品価格（P）に商品量（T）を掛けたもの（PT）である。この商品総体の取引に必要とされる通貨量（必要通貨量）は、貨幣数量（M）にその流通速度（V）を掛けたもの（MV）となる。ここから、MV＝PTという交換方程式が導き出される。この方程式の意味は、必要通貨量（MV）は、市場で取り引きされる商品価格総額（PT）によって規定される、という点にある。わかりやすくいうと、世間に出回る通貨量は、社会で実際に取り引きされる商品の価格とその量によって決まる、ということである。

市場とは、何よりも、財貨・サービスを売買する場である。私たちは、この商品売買のために、お金を使用する。この時のお金は、商品を市場で流通させる役割を担う。この流通手段として必要とされるお金の量は、市場に流通する商品の価格と量によって決められることである。上記の交換方程式（MV＝PT）とは、この関係をあらわしたものにほかならない。この方程式で、いま最も重要な点は、M（流通必要通貨量）は、PT（商品価格・量）によって決まるという点にある（ただし、ここでは通貨の流通速度は一定と仮定する）。

ところが、貨幣数量説はこの「PT→MV」の規定関係を、まさしくアベコベにとらえるのである。数量説は、「MV→PT」の規定関係から、通貨量と物価の関係を把握する。いま流通速度（V）を一定と仮定すれば、通貨量（M）が商品価額（PT）を左右する、と把握するわけである。「PT→MV」ではなく、「MV→PT」ととらえるのだから、これはアベコベとしかいいようがあるまい。

マネタリズムの落とし穴

現代の貨幣数量説を代表するのは、M・フリードマンらのマネタリズムである。フリードマンは、通貨量を増大すれば、物価下落を反転させ、デフレから脱却できる、と主張した。そのエピゴーネンの一人、先述の若田部は「需給ギャップは、貨幣の総需要が貨幣の総供給を上まわっていること」だと理解し[5]、デフレの克服には貨幣の総供給量を増やすことが必要だ、と主張する。

だが、このような見方は、実際には当たらない。その理由を、ここではわかりやすく、理論と現実の二面に分けて、指摘しておくことにしよう。

まず、理論的には、貨幣数量説が間違っている、ということである。この理論上の誤りについては、先に述べたとおりである。念のためそのポイントを再述しておくと、物価動向は市場における実際の需給関係（いわゆる実体経済）によって決まるのであって、通貨供給量は、その現実の市場取引によって決められる。言いかえると、市場の現実的取引が独立変数であり、市場に必要な流通通貨量はその従属変数だということである。この数量説の誤謬を裏づける指摘として、ここでは比較的最近のマルクス経済学、ケインズ経済学両派の見解を紹介しておくことにしよう。

まず川上則道は、マルクス経済学の立場から、市場の商品流通に必要な額を超えた通貨は、貨幣のもつ価値保存機能によって、実際には流通せず、貯蓄・退蔵される、と指摘する。貨幣の価値保存機能が働くかぎり、市場の流通に必要とされる通貨量を超えた通貨は、市場には入り込まず、物価は上昇しない。したがって、いくら中央銀行が金融緩和で流通通貨量を増やそうとしても、市場における投資・消費需要を超えた通貨分は貯蓄・退蔵されて、市場には出回らない。このような川上の指摘は、マルクス経済学による貨幣数量説にたいする批判を意味するものであるが、いかにも正当な指摘であるといってよい[6]。

次は伊東光晴によるケインズ理論である。伊東は、「ケインズに即して考えるならば、貨幣量の変化は、外から与えられるべきものではなく、広い意味での経済活動量の変化から与えられるべきものであり、金融当局による通貨政策も広い意味での経済活動量への影響を媒介項にして、結果としての通貨量の変動となるのである」と指摘している[7]。要するに、市場の商品取引による実需が通貨量を決めるのであって、通貨量の変動が市場の需給関係を変化させるのではない、先述の説明でいえば、「MV→PT」ではなく「PT→MV」の規定関係が基本だ、ということである。

ただし、これらの川上・伊東両人の指摘に一点だけつけ加えておくと、管理通貨制度のもとで貨幣の価値保存機能が破壊された場合、たとえば金のようにそれ自体には価値が含まれていない不換紙幣が大量にばらまかれたりする場合には、通貨価値の急落が起こってハイパーインフレーションが進行する。これはマルクスおよびケインズ経済学が双方ともに認めることである。この事態はしかし、中央銀行がまともにその機能を果たしてない場合、先に紹介した言葉でいえば「日銀が死んだ」状態のもとで起こるケースだから、貨幣数量説とは区別して考えなければならないことである。

図1　実質GDPと消費者物価の推移

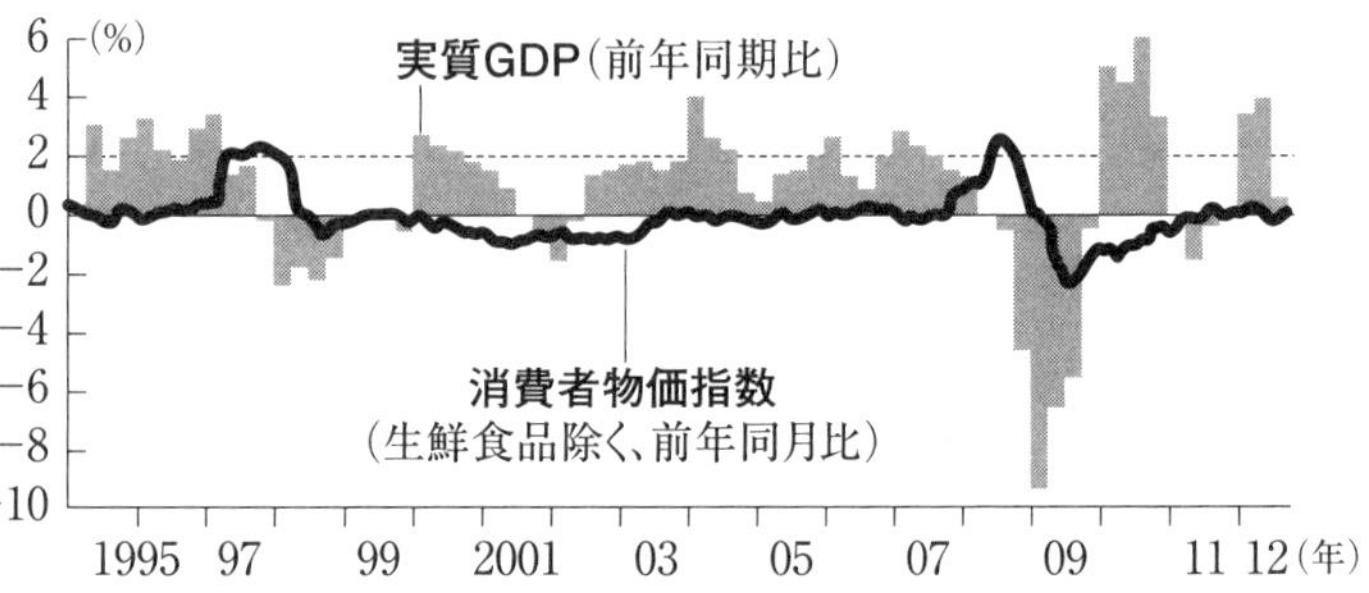

出所：内閣府、総務省（「朝日新聞」2013年1月7日）。

この点をおさえておいて、現実の物価動向に目を向けてみよう。後に見るように、日銀は、二一世紀に入って以降、量的金融緩和の名でほぼ一貫して金融緩和策をとり続けてきた。貨幣数量説の言葉でいえば、マネーサプライ（通貨供給）を増やしてきたのである。いま通貨の流通速度を一定のものと仮定すれば、先の交換方程式の「ＭＶ」を増やしてきたわけである。「ＭＶ→ＰＴ」の動きを期待する数量説に立てば、当然、ＰＴ（商品価額）も上がるはずである。だが、**図1**を一見すればわかるように、二〇〇八年の一時期を除いて、物価（ここでは消費者物価）が上昇することはなかった。つまり、いわゆるデフレ現象が続いたのである。このことは、貨幣数量説に立つマネタリズムの誤りを示すものにほかならない。

クルーグマン起源のインフレ・ターゲット策

貨幣数量説に依拠したのでは現代日本のデフレは説明できない――ここで岩田や若田部らのアベノミクス派は大きな暗礁に乗り上げる。そこで持ち出されたのが、「デフレ」ではなく「デフレ予想」の概念である。「みんながデフレを予想するからデフレになる」という先の岩田説では、先にみたとおり、通貨量そのものではなく、デフレかリフレ（物価再上昇）かどちらに向かうかは、デフレ予想ないしインフレ予想によって決められるものである。岩田に口をあわせるようにして、若田部は、「資金需要が存在しないのは、デフレが続くと人びとが予想して高い実質金利に直面しているから」、だから「デフレ予想を打破することにこそ金融政策の役割があります」と述べている。(8)

実は、このような「予想」を重視する岩田・若田部らの元祖は、クルーグマンにある。クルーグマンが、一九九〇年代後半、インフレ・ターゲット論を打ち出す際に用いたのが、「デフレを逆転するためにはインフレ期待を起こすしかない」という考え方だったのである。(9) 周知のとおり、日本の主流派経済学では「アメリカ出羽守」(ことあるごとに、アメリカでは、アメリカではと、アメリカを引き合いにする学者)が多数を占めているから、ほかならぬノーベル賞経済学者のクルーグマンあたりが何かをいうと、すぐそれに飛びつく傾向が強い。インフレ・ターゲット論も「アメリカ出羽守」を経由したクルーグマンからの輸入品だったのである。(10)

クルーグマン・モデルは、ゼロ金利下でインフレ期待を呼び起こすためには、マネタリーベースの増加をつうじたインフレ・ターゲット策を採用するしかない、という点に要約される。これを逆にいうと、デフレ予想が続くと、実質金利が上昇し、通貨に対する需要が萎縮し、結果としてデフレが続く、ということである。だから、デフレ予想をインフレ予想に切りかえること、インフレ予想を喚起する金融政策を採り続けること、つまりインフレ・ターゲット策を採用することが決定的だ、ということになるわけである。

ちなみに、梅田雅信はこれを解説して、「クルーグマンの主張のポイントは、中央銀行が高めのインフレ目標を約束しても、人びとがそれを信じてくれるかどうかという点にある」と述べている。(11) この指摘にしたがえば、インフレ・ターゲット策の世界は目標、政策、約束、信用、予想、期待の渦巻く世界、言いかえると、思惑、勘ぐり、駆け引き、打算が交錯する世界である。予想・思惑・期待が中心になった市場は、俗っぽくいうと、予想屋の界隈である。だから、ここでは必ず投機（speculation）が生まれる（この点は、後に立ち返る）。

こうみてくればわかるように、アベノミクスが依拠するインフレ・ターゲット論とは、マネタリズム（貨幣数量説）の破綻によって、新自由主義派がひたすら「予想」に賭ける方向に走って到達したイデオロギーだ、ということである。クルーグマン当人は、必ずしも新自由主義派に属するものとはいえないが、そのインフレ・ターゲット論は、アメリカを本場とする主流経済学が、アメリカ資本主義の現実を反映して、程度の差はあれ、全体として新自由主義の磁場上で動かざるをえなくなっている様子を物語るものである。このことは、インフレ・ターゲット論そのものを検討することによって明らかになるはずである。

そこで、ここでは話を一歩前に進めて、現実のインフレ・ターゲット策がいかなる性格のものであるか、そして何をもたらすか、という点を、日本の量的金融緩和策そのものにそくして検討していくことにしよう。

2　「的まで届かぬ矢」としてのアベノミクス

非伝統的な量的金融緩和策の採用

日銀に限らず、世界のどこでも、中央銀行による金融政策は、金利操作を中心にしたものであった。

中央銀行は、銀行間取引の決済に必要な短資市場（コール市場）の金利に介入して、市中銀行の金利を操作する。金利を下げると、銀行からの貸出量が増大し、逆に上げると、高金利のもとで金融は引き締まる。これが伝統的金融政策とよばれるものであった。

だが、この伝統的な金利政策は、ゼロ金利のもとでは、使えなくなる。日本では、一九九九年二月、コール市場における無担保コール翌日物金利が〇・一五％まで下がり、事実上のゼロ金利時代に突入して、この金利政策が麻痺することになった。ゼロ金利状態は、二〇〇〇年八月、いったん解除されることになったが、翌〇一年の二月、再びゼロ金利に入り、三月から伝統的政策に代わる非伝統的な金融緩和策が採用されるにいたった。これが量的金融緩和策の始まりである。

当初採用された量的金融緩和策とは、民間銀行が日銀内にもつ当座預金を操作しようとするものであった。銀行は、預金の支払いや銀行間の決済等に必要な準備金を日銀内の当座預金で保有している。そこでこの当座預金は準備預金とも呼ばれる。この準備預金には利子は付かないから、銀行としては、預金額が必要準備額を超える場合には、その超過分を他の有利な運用に切りかえる、ということになる。また、ゼロ金利下では、銀行側からすると、いざ資金が必要だというときには、コール市場に頼ることなく、この準備預金を取り崩して使えばよい、ということになるわけである。

日銀が、銀行保有の国債を買い取った場合、その代金はこの当座預金に振り込まれる。もし当座預金額が必要準備額以上に高まるとすれば、その超過分は銀行にとってより有利な民間投融資にまわるはずである。これを見込んだのが量的金融緩和策であった。したがって、量的金融緩和策とは、直接

図２　政府・日銀が描くデフレ脱却のイメージ

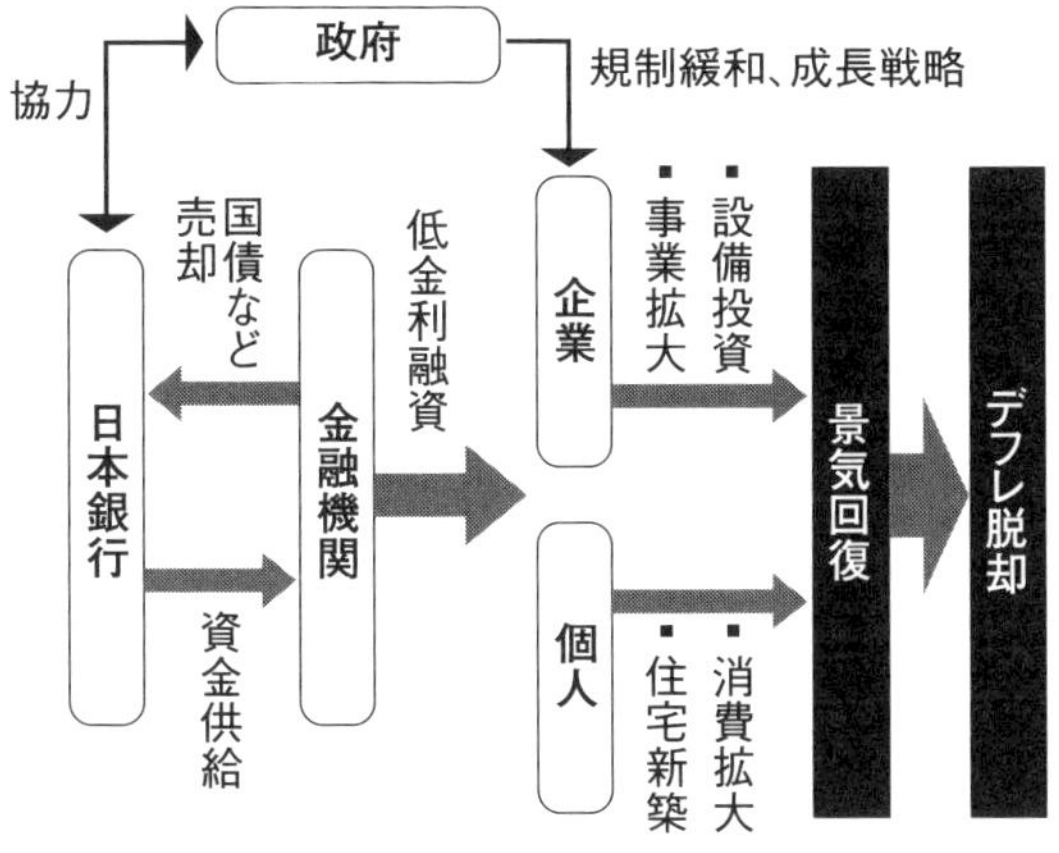

出所：「朝日新聞」2013 年 1 月 7 日。

には、マネタリーベース（日銀券・硬貨プラス当座預金）を増やす政策を意味する。

いま理解を容易にするために、「朝日新聞」に掲載された**図2**を用いて、マネタリーベースの性格をつかんでおくことにしよう。この図でいうと、マネタリーベースというのは、日銀と金融機関の資金供給のやりとりで決まるものである。たとえば、日銀が金融機関の保有する国債等の金融資産を買い取り、その代金を当座預金に振り込めば、その分だけ当座預金を経由した日銀の資金供給は増え、マネタリーベースは増大したことになる。ただし、このマネタリーベースは、図で描かれた金融機関と企業・個人の間の低金利融資の量を直接に左右するものではない。これは、すぐ後でふれるマネーストックの動きにかかわることであって、マネタリーベースそのものの動きに直結するものではない、という点に注意しておこう。

とはいえ、現在の安倍政権および黒田新日銀が進める量的金融緩和策とは、マネタリーベースを増やして、マネーストック（マネーサプライ）を増大させ、物価上昇を呼び込もうとする政策である。

先に述べたとおり、マネタリーベース増大のために、日銀はまず銀行の保有する国債等の金融資産を買い取り、その代金を日銀当座預金に振り込む。これによって、マネタリーベースは確かに増大する。問題なのは、ここから先、「マネタリーベースの増大→マネーストックの増加」の流れが生まれるかどうかである。生まれない、というのがその回答であるが、その根拠をみておくことにしよう。

アベノミクス（＝外生的通貨供給説）の誤り

マネーストックとは、大づかみでいうと、一般の市場で流通する現金（日銀券プラス補助通貨）と各種預金通貨を合計したものである。ここで現金とは、一般の市民が日々利用するお札と硬貨のことをさすから、誰にもわかることだが、預金通貨の方はわかりにくいかもしれない。預金には、たとえば当座預金のように、小切手・手形を利用して、現金同様に使われる場合がある。普通預金とて、現在は、カードを利用して現金と同じように使用されるから、預金通貨となる。またＣＤ（譲渡性預金）のように、流通・決済手段として使われる預金もある。こうした現金同様に利用される可能性をもった預金と、紙幣・硬貨の現金とを合計したものをマネーストックというわけである（やや厳密にいうと、マネーストックは「現金＋預金通貨＋ＣＤ」で表わされる）。

したがって、マネーストックの動向は、市場での取引で実際に使われ、流通する通貨量、つまり、市場取引が現実に必要とする通貨量（必要通貨量）を反映したものとなる。先述の交換方程式（ＭＶ＝ＰＴ）でいうと、市場で実際に取引される商品総価額（ＰＴ）を反映したのがマネーストックである。そこで、このマネーストックは、以前にはマネーサプライと呼ばれていた。

学説史上、マネーストックは市場の現実的動向によって決められる、と考えるのが「内生的通貨供給説」である。これにたいして、市場の外部から、つまり日銀の金融政策等によってマネーストックが決められる、と考えるのが「外生的通貨供給説」となる。

「外生的通貨供給説」にたつと、「量的金融緩和策→マネタリーベースの増加→マネーストックの増大」の推論が成立する。アベノミクスがこの「外生的通貨供給説」に依拠したものであることは、もはや指摘するまでもないだろう。問題なのは、この推論の前段「量的金融緩和策→マネタリーベースの増加」と、後段の「マネタリーベースの増加→マネーストックの増大」とが、果たして直結する流れなのかどうか、である。いうまでもなく、本書は、前段と後段は直結しないと考える。

確かに、すでに述べたように、前段の「量的金融緩和策→マネタリーベースの増加」の論理は成立し、実際に起こることである。だが、肝心の後段「マネタリーベースの増大→マネーストックの増加」の流れは成立しない。このアベノミクスの誤謬は、理論的・実証的に確かめることができる。

まず、理論的には、アベノミクス（＝外生的通貨供給説）の誤りは、先に指摘した貨幣数量説の誤りに同じである。すなわち、通貨と物価の関係は、ＰＴ（物価サイド）がＭＶ（通貨サイド）を規定する「ＰＴ→ＭＶ」の関係にあるのであって、それとはアベコベの「ＭＶ→ＰＴ」の関係にあるのではない、ということである。これを言いかえると、マネーサプライ（マネーストック）を左右するのは現実の市場動向（＝実体経済）であって、市場が必要とするマネーサプライは、日銀によるマネタリーベースの操作によってきめられるものではない。日銀が操作できるのは、せいぜいのところマネタリーベースにとどまり、直接にマネーストックを左右することはできないのである。

日銀の名誉のために一言述べておくと、実は、白川総裁期の日銀は、アベノミクスとは違って、「マネタリーベースの増大→マネーストックの増加」の関係を否定する見解に立ったものであった。日銀は、ゼロ金利下の二〇〇一年三月から、マネタリーベースを増やす量的金融緩和策をとり続け、世界一といってよいほどに、マネタリーベースの水準をひきあげてきたが、ついぞこれまで、マネーストックの増加によってデフレ傾向を退治するにはいたらなかった。だが、この結末は、日銀自身の見解にもとづく失敗というよりは、「マネタリーベースの増大→マネーストックの増加」の論理をかざした新自由主義派の圧力による結果であった、というのが公平というべきである。[12] したがって、日銀自身からみると、マネタリーベース増加策はいわば本来の意に反して進められ、予想どおり、マネーストックの増加は不発に終わった、というべきかもしれない。そこで、実際の経過がどのようなものであったかを、簡単に確かめておくことにしよう。

マネタリーベースとマネーストックのあいだの乖離

二一世紀入って以降、量的金融緩和策が想定した「マネタリーベースの増大→マネーストックの増加」という見通しは、現実化しなかったというのが、ここでの結論である。マネタリーベース、マネーストック、物価の三者関係をわかりやすく説明した資料は、政府・日銀関係のものでは見当たらないので、ここでは日銀の資料を加工した山家悠紀夫、梅田雅信両氏の作業成果を利用する形で話を進

図3　日本の貨幣乗数の推移

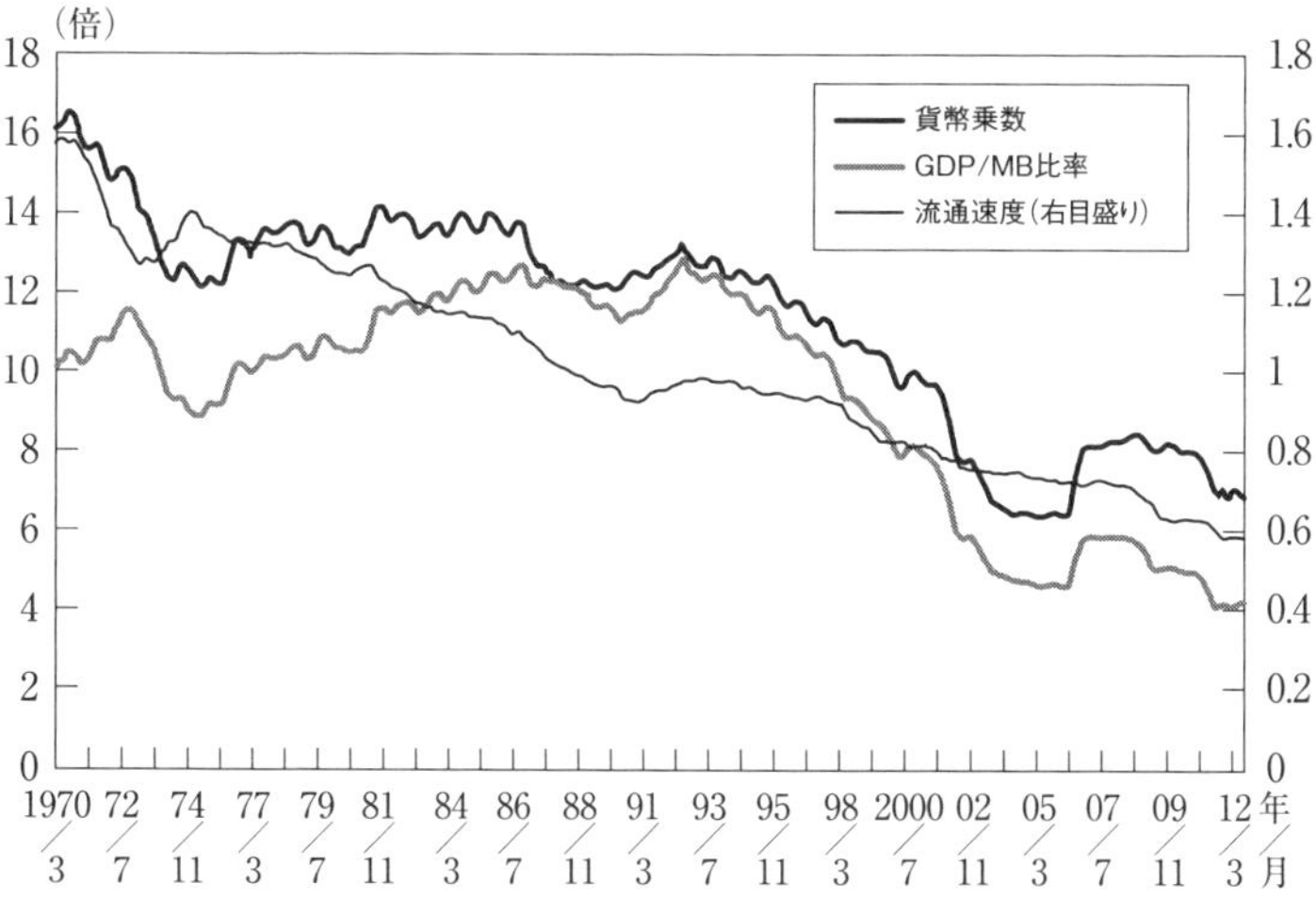

資料：日本銀行「マネタリーベース」、「マネーストック」、内閣府経済社会総合研究所「四半期別ＧＤＰ統計速報」より作成。

出所：梅田雅信『超金融緩和のジレンマ』東洋経済新報社、2012年。

める。

まず梅田の作成による**図3**は、貨幣乗数（マネーストック／マネタリーベース）の低下傾向を示したものである。貨幣乗数というのは、マネタリーベースの増加がマネーストックの増加を呼び起こす倍率を示した数値である。「マネタリーベース増加↓マネーストック増加」の関係の強度を示すものといってもよい。図は、この乗数が、一九七〇年代から九〇年代なかば頃までは一〇—一四倍程度で経緯してきたが、ゼロ金利に入った九九年初め以降は急速な低下傾向をたどり、二〇〇四年以降は六倍程度に下がったことを示している。また、〇六年のゼロ金利解除後はやや持ち直すが、〇八年リーマン・ショック後の金融恐慌以降は、七倍程度に低迷していることがわか

図4　近年のマネタリーベースとマネーストック

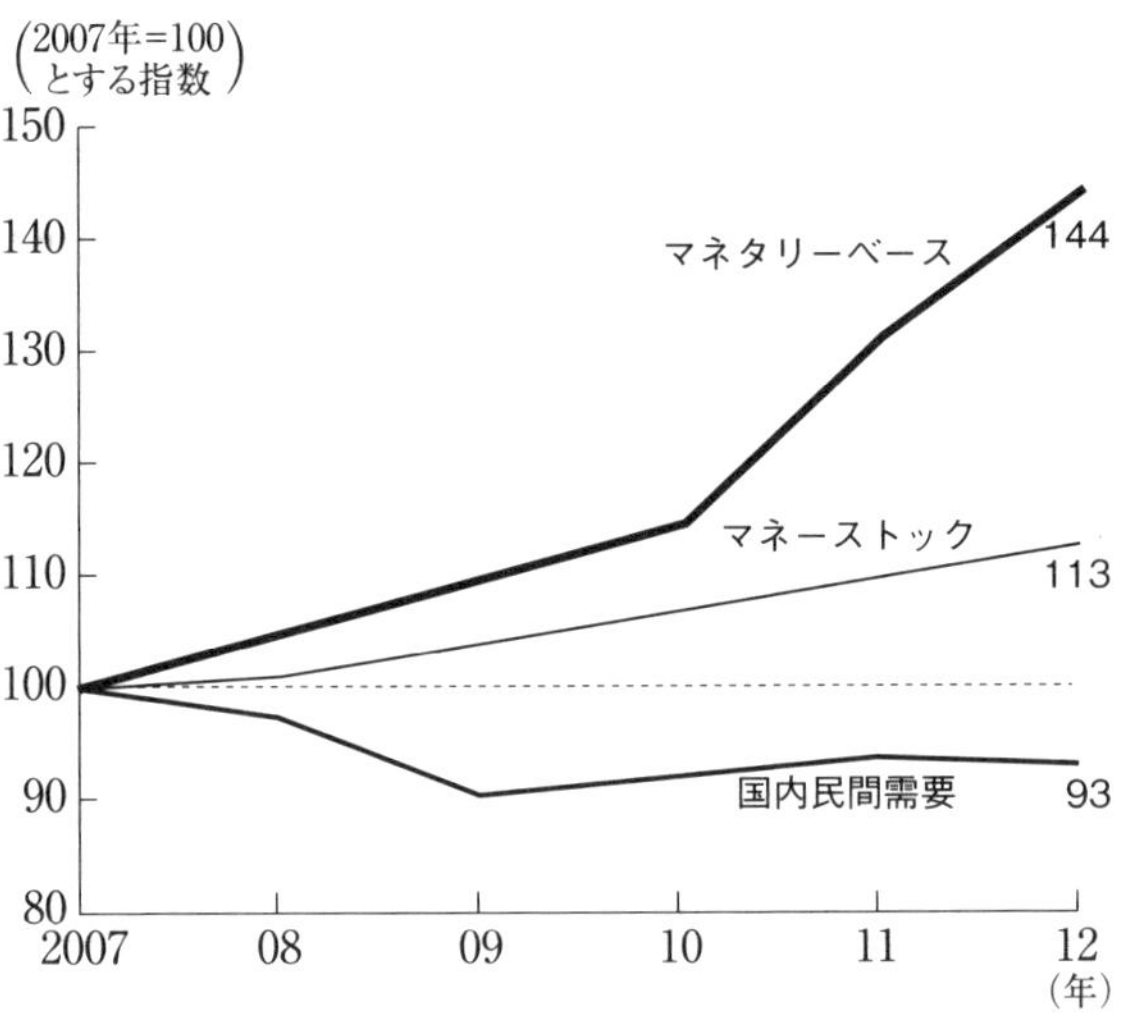

注1：マネタリーベースは、日本銀行が供給した通貨の総量（日銀券発行高、硬貨流通高、日銀当座預金残高）。各年末。
　2：マネーストックはM2（民間保有の現金、預金の合計残高）。
　3：国内民間需要は、各年10～12月期。
資料：日本銀行「金融経済統計月報」、内閣府「国民経済計算」。

出所：山家悠紀夫「「アベノミクス」では暮らしはよくならない」『世界』2013年4月号。

る。これを梅田は、二一世紀を迎えて以降、「マネタリーベースを増やしても、マネーストックの増加にはつながらない状況が現れた」としている。(13)

マネタリーベースの動きとマネーストックのそれとのあいだの乖離は、**図4**をみれば、一見して明らかである。二〇〇七年を一〇〇とすると、一二年のマネタリーベースは一四四にまで増加しているのにたいし、マネーストックの伸びは一一三にとどまる。この図は、民間内需が〇七年水準以下のまま低迷を続けている様子も示しているが、それは民間内需の低迷がマネーストックの伸びを抑制する役割を果たしたことを物語るものである。(14)

念のため、マネタリーベース増加とマネーストック増加のあいだの乖離を、前述の貨幣乗数の低下傾向でみたのが、**図5**である。これらの資料はいずれも、「マネタリーベースの増大→マネーストッ

図5　マネーストックとマネタリーベースの比較（貨幣乗数の推移）

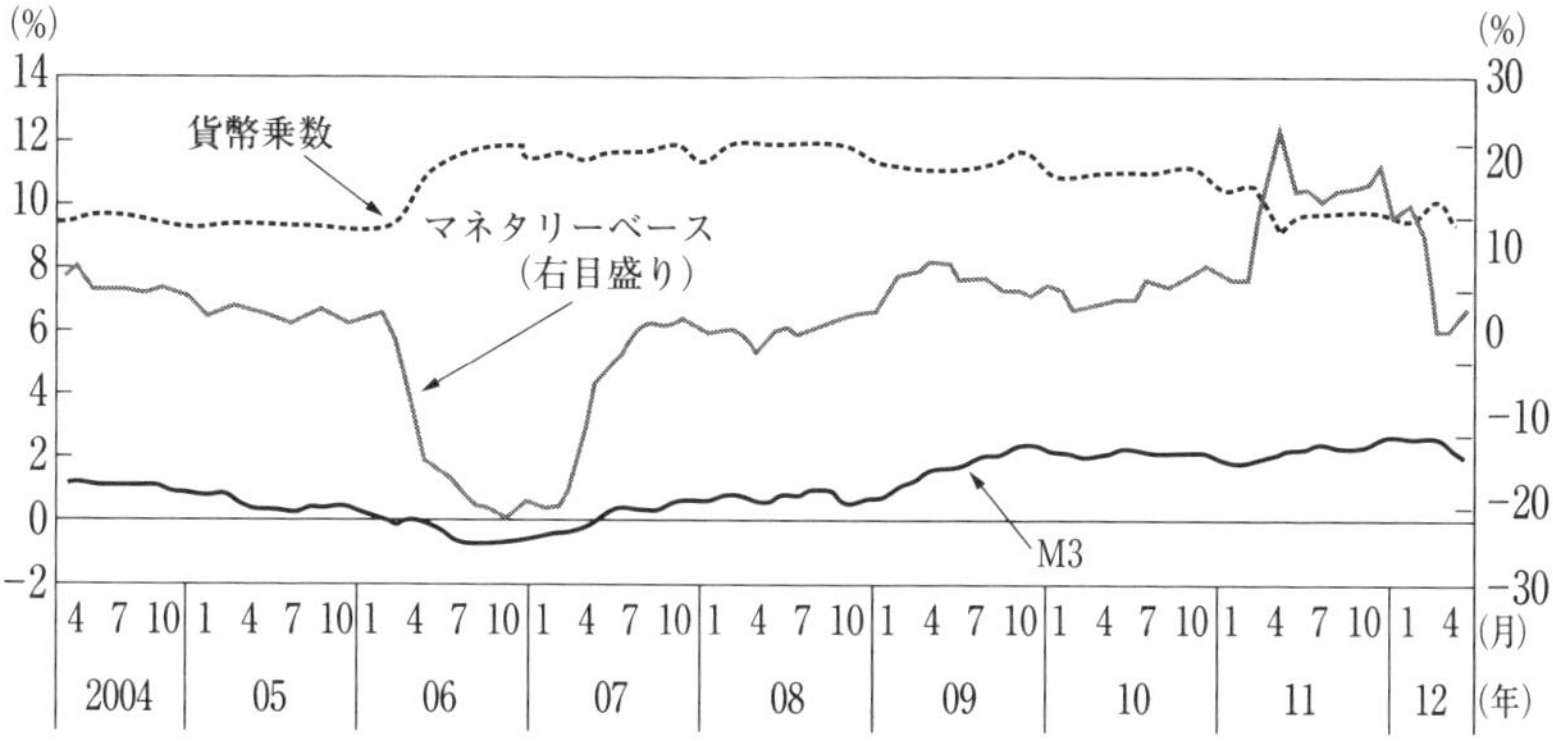

備考1：日本銀行「マネタリーベース：、「マネーストック」により作成。
　　2：貨幣乗数＝M３／マネタリーベース。なお、M3とマネーストックは同じ。

出所：内閣府『経済財政白書』2012年版。

クの増加」の関係を期待する「外生的通貨供給説」が、実際には当たらないということを示すものにほかならない。アベノミクスにそくしていうと、「日銀の量的金融緩和策↓マネタリーベースの増大↓マネーストック増加↓デフレ不況打開」の目論見は実現しない、ということである。したがって、アベノミクスの第一の矢は、コース途中の「マネタリーベースの増大」の所にまでは飛ぶものの、標的である「デフレ不況打開」にまでは届かない矢だということになる[15]。

なぜ、かかる腰折れ同然の矢になってしまうかといえば、考える手順を誤ったからである。最初に手を打たなければならないのは、現実の市場動向にそくしてデフレの芽を摘む方策である。ところが、アベノミクスが一番手に立たせたのは日銀の量的金融緩和政策であった。つまり、打つべき最初の手をアベコベにとらえたのである。だから、繰り返していうと、アベノミクスはアベコベミクスなのである。アベコベミクスでは、矢が途中までしか飛ばないのは当たり前である。

3　バブル化を掲げた黒田日銀のアベコベミクス

インフレ予想への転換をねらったインフレ・ターゲット策

実際の金融政策によっては、「マネタリーベース増加→マネーストック増加」の目標は達成できず、むしろ目論見とは逆に貨幣乗数は下降気味に向かう――これは貨幣数量説にたったデフレ退治がうまくいかないこと、量的金融緩和策ではデフレをリフレに転化することができないことを意味するものであった。マネタリストの新自由主義派は、ここで大きなピンチに立たされる。いくら彼らが「デフレはマネーサプライの不足によるものである、だから中央銀行が通貨をばらまけば、デフレは克服できる」と叫んでも、ゼロ金利下にあって、実際の量的金融緩和策は空回りするだけで、マネーサプライは目論見どおりには伸びず、物価も上がらない。ここで助け船としてあらわれたのが、クルーグマン流のインフレ・ターゲット論であった。

すでにみたように、インフレ・ターゲット論が依拠する論理は、「デフレ予想をインフレ予想に切りかえること」であった。予想・期待を中心にすえたこのインフレ・ターゲット論によれば、金融政策の中心的役割は、予想・期待を転換することにおかれる。「マネタリーベース増加→マネーストック増加」の流れが生まれないのは、ただ世間の予想が「デフレ予想からインフレ期待への転換」に向かっていないがためにほかならない。したがって、課題はマネーストック（マネーサプライ）の増加を実際に呼び起こすほどに、世間の予想・期待をきりかえることができるかどうかにかかっている。

では、どうすればデフレ予想をインフレ予想に切りかえることができるか。その手段として登場したのがインフレ・ターゲット策であった。この金融政策のポイントは、何よりも大胆さ、断固たる構え、デフレ退治の闘志、強い意志に日銀が立つことである。なぜなら、世間のデフレ予想をインフレ予想に転換するには、その先頭に立つ日銀自身の構えや意志がまず問われるからである。日銀が揺るぎない意志をもってインフレに向かう、その断固たる構えを示してこそ、世間の予想も変わるというものである。

そこで、インフレ・ターゲット策には、①目標とする物価上昇率（インフレ率）の数値を明示すること（たとえば二％の物価上昇率の明示）、②目標値を達成する期限も明示すること（たとえば二年）、③期限までの目標達成に必要なあらゆる政策手段を動員すること、④政策は世間の予想を覆すほどに大胆であること、これら四点が求められることになる。

二〇一三年四月からの黒田東彦新総裁のもとでの日銀は、これら四点の課題を背にして、新たな金融政策に取り組むことになった。だが、黒田新日銀は、先述のアベコベミクスという視点からみると、いよいよその本領発揮の場を迎えたことを意味した。それを示したのが「異次元の金融緩和策」である。「異次元の金融緩和策」が、なぜアベコベミクスの本領発揮となるのか。それは、黒田新日銀の目論見が金融政策としては本末転倒というべき内容のものだからである。

「異次元の金融緩和策」の新しさは、一言でいえば、資産市場のバブル化を金融政策の目的に掲げたことにある。そもそも金融政策の伝統は、バブルを防止することにあったはずである。ところが、黒田日銀は、バブル化を防ぐどころか、逆に、証券・不動産市場のバブル化を第一の政策目標にしたのである。本末転倒というほかはあるまい[16]。だから、この本末転倒の「異次元の金融緩和策」において、アベコベミクスはその本領発揮ということになるわけである。

バブル化をねらった黒田日銀の「異次元の金融緩和策」

黒田総裁は、「これまでと次元の異なる金融緩和」を説明して、「長めの金利や資産価格に直接働きかける」と述べた（「日本経済新聞」二〇一三年四月五日）。いうまでもなく、長期金利や資産価格に日銀が直接働きかけることは、長期金利を低めに維持して資産価格の引き上げをはかる、ということである[17]。

彼はまた、「従来の日銀による量的緩和は当座預金残高が目標だったが、量だけでは不十分だった」とも解説した（同上）。つまり、先述のマネタリーベースの増大という量だけでは不十分だったというのである。では、量だけの不十分さを補う質的対応策とは何か。これは、マネタリーベースを増やすために日銀が買い取ってやる金融資産の質を変える、ということである。具体的には、日銀による買いオペの金融資産を従来以上に長期の金融資産に切りかえ、広げることを意味する。

これらはすべて、黒田日銀の「異次元の金融緩和策」が資産価格の膨張（バブル化）をねらったも

図6　黒田日銀の「異次元の金融緩和策」概要

		これまで	量的・質的緩和
2%の物価上昇率目標の達成時期		「できるだけ早期」	「2年程度」と明示
誘導目標		無担保コール翌日物金利	マネタリーベースを2年で2倍に
国債の買い入れ	量	13年は20兆円増加	年間50兆円増加
	対象	残存期間1～3年	40年債まで広げ、平均残存期間は7年に
			保有額・平均残存期間は2年間で2倍以上に
リスク資産の買い入れ	ETF	13年は5000億円増加	年間1兆円増加
	J-REIT	13年は100億円増加	年間300億円増加

出所：「日本経済新聞」2013年4月5日。

のであることを示しているが、このねらいにそってうちだされた実際の政策は、次の三点にまとめられる（概要は図6参照）。

第一は、これまでのマネタリーベース増大の規模を二倍化することである。黒田日銀は、二〇一二年末で一三八兆円のマネタリーベースを一四年末には二七〇兆円に引き上げ、倍増する目標を提示した。そのために、日銀は国債保有額を一二年末の八九兆円から二年間で一九〇兆円に増やす。あわせてETF（上場投資信託）を一・五兆円から三・五兆円に、REIT（不動産投資信託）を一一〇〇億円から一七〇〇億円に増やす目標を掲げた。これは、国債買い取り等によって日銀当座預金に積み上げられた資金が、そこからあふれるようにして金融・証券市場に流れ込むルートを切り開くことを意味する。

日銀によるETFやREITの買い上げは、直接に、証券や不動産市場の資産価格の引き上げをねらったものにほかならない。実際に、日銀の金融政策決定会合文書では、そのねらいを「資産価格のプレミアムに働き掛ける観点から」と説明している。「朝日新聞」（二〇一三年四月六日）はこれを解説して、「日銀はお金を金融市場にどんどん流すだけでなく、投資信託を買って株式市場も直接押し上げる」と書いた。要するに株・証券市場のバブル化、これに日銀が直接乗りだす、ということである。実際に、「異次元の金融緩和策」以降、株式市場は投機相場化し、乱高下を繰り返すことになった。

第二は、日銀が長期金利の低下をねらって、買いオペの金融資産を長期物に広げたことである。これによって、日銀の買い取り対象となる国債は四〇年債を含む全ゾーンに拡大され、買い取り国債の平均残存期間は三年弱から市場平均の七年にまで延びることになった。いうまでもなく、これは長期金利を低めに抑えて、株式や投資信託等の資産価格を底支えしようというものである。

ただし、日銀によるこの長期金利への介入は、国債、社債、株式市場に思惑買い・売りを呼び起こし、証券・債権市場の投機相場化を強める。というのは、日銀による長期国債の買い支えは、国債相場を安定化するようにみえて、実際には、投資・投機家の国債保有、国債離れを同時に呼び起こすからである。これは、債権・証券市場のカジノ化、したがってバブル化をさらに進める要因になる。

第三は、「二年内に二%の物価上昇率の達成」を目標にしたインフレ・ターゲット策を公式に採用したことである。インフレ・ターゲット策とは、先述のとおり、消費者物価を中心にした物価上昇率の達成を第一にした金融政策のことである。ここで重要なことは、直接には、株・証券等の金融資産価格の上昇は問題にされないということである。一般の物価上昇率二％を達成するまでは、たとえ証券・不動産市場のバブル化が進むとしても、それは無視して金融緩和策をとり続ける、これがインフレ・ターゲット策の帰結である。したがって、インフレ・ターゲット策とは、言いかえると、デフレ予想（物価下落期待）をインフレ予想（物価上昇期待）に切りかえるために、資産価格のバブル化を無視してでも、量的金融緩和策をとり続けることを宣言したに等しい。デフレ対策の名でバブルが容認または温存されるわけである。

破綻に向かうアメリカの物まね策

そこで結論はこうなる。黒田日銀の「異次元の金融緩和策」とは、バブルに依存したデフレ対策である。これは、アベノミクスが、バブル依存によるかつてのアメリカ型成長の道に入りこもうとすることを物語る。だが、これが成功しないことは、あらためて指摘するまでもない。問題はむしろ、日銀が、アメリカのFRB（連邦準備制度）とは違って、バブル化の主役を演じようとしている点にある。

アメリカのバブルは、本書第1章でも述べたように、FRBから銀行に流れた資金が、FRBの管轄外のシャドウバンキング（投資銀行や商業銀行出資の特定目的会社、ヘッジファンド等）にまわって膨らみ、いわゆるサブプライム住宅ローンをもとにしたCDO（債務担保証券）、合成CDO、CDS（債務破綻補填証券）等の証券市場を膨張させ破裂したものであった。シャドウバンキングのもとでは、借金による投資（いわゆるレバレッジ）が膨張し、資産市場のバブル化が加速化する。現代日本との比較でいうと、住宅・証券の資産価格の膨張が、アメリカでは、シャドウバンキングの広がりと増大に並行して進んだこと、サブプライム住宅ローンに典型をみるように大衆を巻き込んで進んだことである[18]。これが、資産価格の高騰による大衆レベルの債務依存型消費（たとえば住宅を抵当にした借金による消費）の増加を呼び起こすことになったのである。

ところが、現代日本では、シャドウバンキングに代わって日銀自身が資産価格の引き上げに向けて先頭に立とうというのである。これは、たとえば、日銀のＥＴＦやＲＥＩＴの買い上げにあらわれていた。ＥＴＦとは、上場している株式に投資している金融商品で、株価指標に連動して値段が動く証券である。ＥＴＦを日銀が買うと、資産運用機関の株式投資が増大し、株価が上がる。ＲＥＩＴの日銀買い上げは、資産運用会社の不動産投資を増やす効果を生む。

だが日本では、こうした資産価格の引き上げをねらった「異次元緩和」は、証券・不動産を保有する階層の所得・消費をある程度喚起することはあっても、大衆的消費の底上げにまではつながらない。なぜなら、格差社会化の進んだ現代日本で資産価格効果が及ぶのは限られた階層にすぎず、内需不振の主因であった大衆的消費の低迷を打開するところにまではいたらないからである[19]。

おわりに

アベノミクス第一の矢である量的金融緩和策の帰結は、第１章で述べたことにそくしていうと、デフレ不況とバブル化の共進である。まず、この第一の矢によっては、大衆的消費不振にもとづくデフレ不況は打開されない。量的金融緩和策は、なんら国民家計の所得や消費を引き上げるものではなかった。そのうえに、この第一の矢は、現実の市場取引を活発化するものではなく、「緩和マネー」は証券・不動産市場のバブル化に向かって流れるようなものであった。

ここで最後に指摘しておかなければならないことは、すでに日本では、「緩和マネー」を待つまでもなく、過剰資金にあふれていることである。量的金融緩和策が空回りするのは、この過剰資金のためである。新自由主義的蓄積のもとでは、第1章で述べたように、一方での貧困の深化・拡大とあわせて、他方の極には過剰資金が集積される。それを端的に示すのが、上場企業のもとでの二六〇兆円以上に達した内部留保であった。豊富な内部留保を有する企業は、もはや銀行に依存することなく、いわゆる「無借金経営」を進める。

「日本経済新聞」(二〇一三年六月二日)によると、一二年度末時点で、すでに上場会社の五二%が無借金経営のもとにある、という。企業の「長短借入金など有利子負債」に対して「現預金プラス短期保有目的有価証券」の手元資金が上まわっている会社、これが上場企業の過半の一七九四社に達している、というのである。かかる無借金経営が企業で広がる状況のもとでは、いくら、日銀がマネタリーベースを増やしても、それが企業の投融資の活発化につながらないことは、およそ自明である。先述の梅田雅信も、日銀の当座預金が積み上げられている理由を説明して、「企業の金余り現象が続くなか、民間金融機関がリスクの高い貸出よりも〇・一%の金利が確実に得られる日銀当座預金を選好しているからだ」と述べている。[20]

無借金経営の広がりは、銀行サイドからみると、預貸率（銀行の受入れ預金額に対する貸出比率）の低下となってあらわれる。二〇〇八年九月には七四・二％であった預貸率は、一二年九月時点では六八・三％に下がっている。大手一〇行では、六五・四％である。預金と貸出のギャップ（差額）は二〇三兆円に拡大しているのである（「日本経済新聞」一二年一二月一九日）。これは、銀行自体のなかで、すでに資金がだぶついていることを示すものにほかならない。

デフレ不況を呼び起こす過剰生産、デフレ不況の過程で集積される過剰資金、これらを放置したまま、いくら量的金融緩和策を異次元にまで高めたとしても、空回りに終わるのがオチというべきである。ただし、アベノミクスの危険性、つまりアベノミクスがアベノリスクに転化するのは、この空回りにあるのではない。空回りを超えて、バブルの助長・促進に向かうこと、ここにアベノミクス第一の矢の最大の問題点がある、といわなければならない。この点を確認して、次に第二・第三の矢に目を向けることにしよう。

（1）湯本雅士『デフレ下の金融・財政・為替政策』岩波書店、二〇一一年、一九七頁。
（2）若田部昌澄『解剖　アベノミクス』日本経済新聞出版社、二〇一三年、二頁。
（3）岩田規久男『リフレは正しい』ＰＨＰ研究所、二〇一三年、八九頁。
（4）以上の岩田からの引用は、岩田、前掲書、六八―七〇頁からのもの。
（5）若田部、前掲書、六二頁。

(6) 川上則道『マルクスに立ちケインズを知る』新日本出版社、二〇〇九年参照。
(7) 伊東光晴『現代に生きるケインズ』岩波新書、二〇〇六年、一八六頁。
(8) 若田部、前掲書、一六〇頁。
(9) クルーグマンが、アベノミクスにたいして、早くから「すべて順調だ」、「安倍首相は通説を軽んじ、すばらしい成果を上げた」と絶賛したことについは、ポール・クルーグマン「通説打破、良い兆候に注目」(「朝日新聞」二〇一三年一月一七日、後に文藝春秋編『アベノミクス大論争』文春新書、二〇一三年に所収)をみよ。
(10) クルーグマンの考え方にたいする最近の批判は、吉川洋『デフレーション』日本経済新聞出版社、二〇一三年、梅田雅信『超金融緩和のジレンマ』東洋経済新報社、二〇一三年が詳しい。
(11) 梅田、前掲書、一一八頁。
(12) たとえば、白川日銀総裁は、安倍政権の圧力が強まる二〇一二年暮れに、「日銀は強力な金融緩和を進め、資産買い入れ基金を使って国債やリスク資産を今後一年余りで三六兆円購入し、新設した貸出支援基金でも一五兆円超、合計で五〇兆円超の資金供給が見込まれる。ただ魅力的な投資機会がなければ、緩和で供給した資金は金融機関にとどまって有効に使われない」と述べている(「日本経済新聞」一二年一二月二九日)。これは白川自身が「マネタリーベース増加→マネーストック増大」の論理を拒否してきたことを物語る一エピソードである。
(13) 梅田、前掲書、一〇六頁。なお、彼は、これを敷衍して、「米英欧の中央銀行の積極的なバランスシート政策は、マネタリーベースの拡大にはつながったものの、民間部門が保有する通貨の総量を押し上げるという面では効果が乏しかったことが浮き彫りになっている」(二四頁)と概括している。
(14) そのほか、マネタリーベースとマネーストックの乖離に関する統計的検証は、野口悠紀雄『金融緩和で日本は破綻する』ダイヤモンド社、二〇一三年を参照。
(15) 翁邦雄『ポスト・マネタリズムの金融政策』(日本経済新聞出版社、二〇一一年)も、超過準備供給をやると、信用乗数が低下し、マネタリーベースの増加をやっても、マネーサプライの増加にはつながらない、と指摘している。

(16) 日銀出身の翁邦雄は、デフレ下での資産価格上昇問題は「二一世紀には主要中央銀行に共通する悩み」となった、としている(翁、前掲書、一六頁)。

(17) 長期債の購入による資産価格の引き上げ、つまりバブル化を主張したものとしては、竹森俊平「アベノミクスを読み解く」(文藝春秋編、前掲『アベノミクス大論争』所収)参照。

(18) この点については、二宮厚美『新自由主義の破局と決着』新日本出版社、二〇〇九年、チャールズ・R・モリス、山岡洋一『なぜ、アメリカ経済は崩壊に向かうのか』日本経済新聞社、二〇〇八年、服部茂幸『日本の失敗を後追いするアメリカ』NTT出版、二〇一一年を参照。

(19) アメリカとちがって日本ではバブルに依存した消費需要の喚起が成功しないという論点については、米田貢・岡田知弘・藤田実・鳥畑与一・増田正人「『アベノミクス』批判」(『経済』二〇一三年六月号)でも指摘されている。

(20) 梅田、前掲書、一三五—六頁。

第3章

競争国家化に向かうアベノミクス第二・第三の矢

はじめに

アベノミクスの三本の矢が、公式の標的としたのは「デフレ不況打開」であった。だが、アベノミクスが第一の矢を弦で引こうとした瞬間、的は「デフレ不況打開」から素早く「デフレ克服」にすり替えられた。その「デフレ克服」の的に向けて放たれた矢が、量的金融緩和策の徹底、つまりインフレ・ターゲット策であったことは、すでに前章でみたところである。

「デフレ克服」を的にした第一の矢が実際に向かった先は、バブルの世界である。黒田日銀が「異次元の金融緩和策」の名で期待したのは、まず資産市場の沸騰であった。証券・債権・不動産市場の膨張による資産効果でデフレ傾向に歯止めをかけ、インフレ・ターゲット策でインフレ予想を喚起する——これが「異次元の金融緩和策」のねらいとなった。この点についても、すでに前章までにみてきたところであるが、問題はここから先である。

仮に、インフレ・ターゲット策が功を奏して、資産価格の膨張であれ、インフレ予想の高まりであれ、なんらかの事情によって下落・低迷状態にあった物価が上昇に転じたとしよう。たとえば、株価や不動産が値上がりして物価を押し上げる、超金融緩和下の円安で輸入品価格が上昇する、その結果、消費者物価が全体として値上がりに向かったとしよう。このとき、インフレ・ターゲット論者の目論見は、一応達成された、ということになる。(1) だが、「インフレ＝物価上昇」はただちに「デフレ不況打開」を意味するものではない。言いかえると、インフレは「デフレ克服」を意味するとしても、

「不況打開」を意味するものではない。これは、少し考えれば、誰にもわかることである。

アベノミクス派のためにいっておくと、彼らとて、誰にもわかることは理解している。「デフレ退治」と「不況克服」の二つ、「デフレ克服」と「デフレ不況打開」の両者は、それぞれ別物である。この区別は、アベノミクス派とて、いわれるまでもなく承知済みのことである。そうすると、仮に、アベノミクス第一の矢が「デフレ退治」に成功したとしても、「不況打開」の課題は、第一の矢だけでは達成できず、「デフレ不況打開」の的を射止めるには、別の矢が必要になる、ということになる。

アベノミクスで第二・第三の矢が登場するのは、このためである。すなわち、第一の矢だけでは、仮にデフレを仕留めることができたとしても、不況そのものは突破できない、だから「デフレ不況打開」には第二・第三の矢を放たなければならない――こういう事情が三本の矢からなるアベノミクスを生みだしたのである。だから、アベノミクスは「安倍のミックス」と言いかえられるわけである。

三本の矢それぞれの役割分担は、大胆に端折っていえば、第一の矢は「デフレ対策」、第二・第三の矢は「不況対策」にある、ということになる。本章で検討しなければならないことは、第二・第三の矢がいかなる性格をもったものか、どこに向かって飛ぶのかということである。あらかじめ結論を述べておくと、「デフレ不況打開」という所期の目的は達成されない。このことを以下、検討してみることにしよう。

1　「的をかすめる矢」としての機動的財政出動

土建国家型ケインズ主義に助けを乞うた新自由主義

アベノミクス第二の矢は、機動的財政出動策であった。機動的財政出動とは、言いかえると、国が借金によって財政支出を増やし、それによって景気のテコ入れをはかる、というものである。財政支出は、いかなるものであれ、金融緩和策とは違って、それなりに内需を補完・拡大する意味をもつ。日銀による通貨バラマキが、直接には、銀行にまでしか届かないのにたいして、財政資金は市場に直接投入されるから、景気動向にたいし刺激をもたらす。この点をまず認めておかなければならない。

財政出動策の目玉は、公共事業支出の拡大であった。安倍政権は不況対策に向けた機動的財政支出として、二〇一二年度補正予算で約四・七兆円、一三年度当初予算で約五・三兆円、合計で一〇兆円規模の公共事業費を計上した。この規模の公共事業費は、バラマキと批判された一九九〇年代の予算に匹敵する。このバラマキ型アベノミクスは、どのように評価されるか。

最初に指摘しておかなければならないことは、黒田日銀の量的金融緩和策とは違って、公共事業のバラマキはケインズ主義的系譜に属する政策だということである。つまり、アベノミクスは、一九七〇年代後半以降の土建国家型ケインズ主義に助けを求めたのである。公共事業の財政出動は、量的金融緩和策とは違って、それなりに内需を補完・拡大する意味をもつ。日銀による通貨バラマキと違い、公共事業費は、ゼネコンをはじめとする土木・建設業界や鉄・セメント等の素材産業に直接ばらまかれる。したがって、これらの資本財にたいする需要はその分だけ増加し、不足する内需をそれなりに補う機能を発揮する。

その限りで、この第二の矢は、内需不振にもとづくデフレ不況打開の標的に近づく、とまではいうことができる。だが、この矢が的の中心部を射抜く、ということにはならない。なぜなら、デフレ不況の核心的要因は大衆的消費の内需不振にあったからである。公共事業のバラマキによっては国民家計の消費不振を打開することはできず、せいぜいのところ、ゼネコンその他の公共事業関連業界を潤す程度の効果にとどまる。実際に、安倍政権下の主な公共事業は、震災復興関連事業を別とすれば、直轄高速道路建設、国際コンテナ戦略港湾機能強化、大都市圏環状道路整備、首都圏空港強化、整備新幹線の建設事業等となっている。この矢は的の中心部を射抜かぬ矢、的をかすめる程度の矢なのである。

言葉をかえていうと、第二の矢は、第1章でみた三つの成長パターンのうち、「民需の不足を公需でカバーするタイプ」に属する、といってよい。ただ、一口に公需といっても、アベノミクスの場合、穴埋めされるのは資本財に対する需要（投資需要）であって、公的消費が大衆的消費需要の不足を補塡する、というものではない。だから、土建国家型ケインズ主義なのである。その意味で、第二の矢は、「土建国家型ケインズ主義に助けを求めたアベノミクス」を物語る、といってよい。

アベノミクスがデフレ不況打開のためにケインズ主義に助力を求めるのであれば、土建国家型のそれではなく、福祉国家型ケインズ主義に頼るべきであったが、アベノミクスには、それはできない相談であった。なぜなら、アベノミクスの基調はあくまでも、福祉国家を毛嫌いし、敵視する新自由主義におかれているからである。

だが、デフレ不況の正体を知る者からみれば、仮に不況対策のために財政をばらまくのであれば、公共事業のバラマキではなく、むしろ福祉バラマキのほうがよほど効果がある、というべきである。福祉のほうが公共事業よりも、不振に陥った大衆的消費を活性化するのに有効だからである。たとえば、安倍政権の進める生活扶助費や年金支給額の引き下げを中止し、保育・福祉・介護労働者の賃金を改善するほうが、直接に、家計消費の底上げにつながる。

ところが、建設国債に依存した公共事業のバラマキは、借金のツケを将来にまわし、社会保障・福祉抑制の圧力をさらに強めることになる。たとえば、すでに経済財政諮問会議では、「財政健全化の本丸は社会保障改革だ」という声が上がっている。つまり、後にみるように、アベノミクスの第二の矢は、別の第四、第五の矢の引き金になっていくのである。この点を確かめておくことにしよう。

新たな矢を準備するアベノミクス第二の矢

公共事業を中心にした財政出動は、新自由主義路線に立ったものではなく、すでに指摘したように、新自由主義が批判してきた土建国家型ケインズ主義の系譜に位置するものであった。なぜいまさら、過去にいったんは否定してきたケインズ主義的バラマキ政治に安倍政権が頼ることになったのか。いうまでもなく、それは新自由主義的構造改革路線では、デフレ不況を打開できないという現実にぶつかったからである。

ケインズ主義にたてば、国民経済が過剰生産能力を持ち、需要不足による需給ギャップに悩まされているときには、政府が公共事業であれ福祉事業であれ、財政支出によって有効需要を高めてやれば、それだけ需給ギャップは解消し、デフレ状況も緩和される。これは、金融緩和策では期待できない効果である。金融政策による通貨の供給は、せいぜいのところマネタリーベースを増やすにとどまるが、財政支出による資金は、市場に直接投入されるものである。この違いをわきまえていえば、内需不足に悩む市場に政府が直接介入し、有効需要を喚起してやれば、それだけデフレ不況が緩和される、克服できないまでも一時的に癒す程度のことはできる、ということになる。このことは、ケインジアンならずとも、新自由主義派であっても、自明のことである。

そこで、新自由主義派は、自らの路線に行き詰まりを感じて、いったんは見切りをつけたはずの「ケインズ大明神」に助けを乞うたのである。ただし、この矢は肝心のデフレ不況克服の標的にたいして、その中心部を射ぬく矢とはならず、せいぜいのところ的をかすめる程度の矢にとどまる。

なぜなら、現代日本のデフレ不況の中枢部にある問題は、第1章で述べたように、新自由主義的蓄積のもとでの格差・貧困社会化にあったからである。格差・貧困社会化が進むと、①格差・貧困社会化そのものに根ざした大衆的消費の低迷、消費内需の不振が続き、デフレ不況を呼び起こす一方で、②大企業・銀行、富裕層のもとへの所得、富の集積が進んで、膨大な過剰資金が形成される。したがって、デフレ不況を打開するときのポイントは、①格差・貧困社会化の進行自体を食い止めること、したがって市場における第一次所得分配の公平をはかること、②第一次所得分配後に残る不公平を是正するために、税制・社会保障制度を基軸にした所得再分配を進めること、この所得再分配の回路に過剰資金を吸い上げ、低所得・貧困層に流して内需を喚起すること、この二点にあるといってよい。ここで決定的なことは、過剰資金に手をつけ、格差・貧困の是正と内需活性化に活用することである。

したがって、「デフレ不況打開」の的の中心部に位置するのは、過剰資金の公共的活用である、といってよい。「過剰資金の公的活用」の中枢部に弓矢が突き刺さらない限り、アベノミクスの矢はいずれも、デフレ不況打開の突破口を開くことにはならないのである。課題をこう考えてみれば、公共事業のバラマキが的の中心部を射抜くのではなく、せいぜいのところ、的の周縁部をかすめる程度の矢にとどまることが理解できるだろう。

まず、公共事業による有効需要は直接には公共事業関連業種、すなわち土木・建設、コンクリート、素材等の限られた分野で生まれるにすぎず、内需不振の主因であった大衆的消費の喚起にまではいたるものではなかった。大衆的消費の底上げという課題からみると、財政支出は、かつての民主党のスローガン「コンクリートから人へ」にそって、むしろ福祉分野に振り向けるほうが、よほど高い効果が期待できたのである。

第二に、公共事業費は新たな公債発行（借金）によるものである。公共事業のための建設国債は、現代日本では、おおむね過剰資金によって消化される。これによって過剰資金は、国債の利息付きで温存されることになる。公共事業そのものがゼネコン等の過剰生産能力を保存する意味をもつが、そのための建設国債が国債消化にまわる過剰資金を保存する役割を担うのである。日銀によるプレミアム付き国債買い取り策は、おまけつきで過剰資金を温存してやる効果を発揮する。(2) デフレ不況が進行する対極において形成される過剰資金を温存したのでは、デフレ不況そのものの根源を絶つということにはならない。これはおよそ自明のことである。

第三に、借金による財政支出の増大は、そのツケを将来に残して、さらに財政を悪化させる。そうなると、これは近い将来の新自由主義的財政再建路線を加速化させる圧力になる。つまり、土建国家のツケが福祉国家にまわされる。土建国家のツケがたまればたまるほど、消費増税や社会保障圧縮による新自由主義的回収策が逆に強まるわけである。このとき、アベノミクスは、三本の矢に付け加えるようにして、新たな矢(税・社会保障一体改革)を放つことになるだろう。実は、第三の矢はすでにこの新たな矢、つまり第四・第五の矢を準備するものである。

2 「的外れの矢」の成長戦略がめざす競争国家

アベノミクス第三の矢「成長戦略」は、率直にいって、のっけから的を外した矢である。このことは、成長戦略の二つの矢じり、すなわち「競争力強化」と「規制改革」という二つの矢先をみればわかる。前者の競争力強化は、「選択と集中」のいわゆるターゲティング・ポリシー（重点分野育成支援策）を中心にしたもの、後者の規制改革は公的規制の撤廃・緩和によるフレーム・ポリシー（制度枠組み見直し策）を中心にしたものである。

競争力強化に向けたターゲティング・ポリシーの意味

ターゲティング・ポリシーとは、特定の分野・業種・技術をターゲットにして、そのグローバルな競争力を集中的に強化しようとする政策のことである。だからこれは、「選択と集中」による競争力強化策とも呼ばれる。成長戦略のうち、このターゲティング・ポリシーに力点を置く勢力は、旧通産省の経産省、経団連である。旧通産省と財界は、かつての「日本株式会社」のいわば経営者であった。「日本株式会社」とは、高度成長期日本における企業社会の体制、後に護送船団方式と呼ばれる日本的経営方式の総体を意味する。したがって、ターゲティング・ポリシーは戦後日本になじみ深い成長戦略の尾をひいた構造改革路線という性格を帯びたものとなる。だから、竹中平蔵らの「真正新自由主義派」は必ずしもターゲティング・ポリシーには賛成しない。たとえば、大田弘子（政策科学大学院）は「財政出動を伴わない成長戦略が必要」と主張した（「日本経済新聞」二〇一二年一二月二七日）。

高度成長期の成長戦略は、一言でいえば、輸出第一主義にそったものであった。輸出第一主義にならざるをえなかったのは、日本の経済成長がアメリカ依存、対米従属型の道を歩まざるをえなかったことによる。アメリカ依存とは、言いかえると、ドル支配の通貨圏域において経済の成長をはかる、ということである。ドルの支配する圏域で経済を成長させるには、資源の獲得にせよ、技術の開発・革新にせよ、投資資金調達にせよ、なんにつけ、ドルを獲得しないことには話は始まらない。そこで、ドル獲得のための輸出第一主義が至上命題となったのである。

輸出第一主義型の成長では、輸出競争力の高い分野・業種を選び、そこに根ざす企業を重点的に育成・支援する政策が求められる。集中的に育成・支援・保護された分野は、大づかみにいうと、「低賃金加工型の軽工業（消費財）→重化学工業（エネルギー・投資財）→機械製造業→自動車・電機・電子・情報・通信」という流れで変遷してきた。この「選択と集中」にもとづく輸出第一主義型成長は、それなりの成功をおさめた。ただし、アメリカ依存によるドル通貨圏域内での輸出第一主義の成功は、成功すればするほど、日米間を中心にした貿易摩擦を呼び起こさずにはおかない。日米貿易摩擦が、一九六〇年代から八〇年代にかけて、繊維、鉄鋼、テレビ、自動車、半導体の順に深刻化したのは、このためであった。

輸出第一主義がそれなりの成果をおさめ、日米間の貿易摩擦が深刻化し、その業種が広がっていくにしたがって、為替相場は円高に向かう。貿易摩擦や円高が進む過程で、「日本株式会社」が選び取った戦略は、「国内生産→海外輸出」を「海外現地生産→世界販売」の多国籍企業型に改めること、同時に「国内生産→海外輸出」の輸出第一主義を「選択と集中」で高度化することであった。これは「海外生産→世界販売」と「国内生産→海外輸出」のいわば二兎を追う戦略である。この戦略を担う主体は、いうまでもなく、いまや日本財界の主流となった多国籍企業である。

したがって、アベノミクス版成長戦略の競争力強化策とは、「海外生産↓世界販売」と「国内生産↓海外輸出」の二兎を追う多国籍企業の国際競争力を強化していくことを意味する。いまここで重要な点は、多国籍企業の競争力は、「海外生産↓世界販売」の道に向かうにせよ、「国内生産↓海外輸出」の選択を続けるにせよ、いずれにしてもグローバル市場における競争力、つまり日本からみれば外需目当ての競争力だ、ということである。ターゲティング・ポリシーとは、この外需目当ての競争力を、「選択と集中」のふるいにかけた分野・業種・企業に絞り込み、そこに補助金、融資、税制上の優遇措置、産官学共同等の支援を注いで、強化しようとするものにほかならない。

ターゲティング・ポリシーの新たな三点の性格

ターゲティング・ポリシーとは、その意味でいうと、これまでの外需依存・投資主導型成長パターンの繰り返しにすぎない。これまでと違うのは、およそ三点にまとめられる。

第一は、「選択と集中」のターゲティング・ポリシーの対象が新しくなっていることである。すなわち、「選択と集中」の対象として生命・健康・医療・教育・環境・エネルギー・情報・メディア・文化、さらに農業・各種サービス等が重視されるようになっていることである。大づかみにいうと、従来であれば、自動車・電機・化学・金属等の「貿易財」との対比で「非貿易財」とされてきた分野・業種に、「選択と集中」の対象がシフトしつつあるということである。たとえば、アベノミクスが騒ぎ立てるアニメ・コミック等の「クールジャパン」、日本的グルメ・食文化、職人の技等の輸出戦略は、そのわかりやすい事例を物語る。これは、後にみるように、自動車・電機・電子関係の機械産業を中心にした輸出依存型成長の道が細くなり、新しい競争力強化の分野を求めざるをえなくなっていることによる。

第二は、「選択と集中」による支援策が、「海外生産↓世界販売」と「国内生産↓海外輸出」の両分野にまたがっていることである。ここで注意しなければならない点は、後者の「国内生産↓海外輸出」分野の競争力を強化していく過程で、すでに日本の多国籍企業の主流は「海外生産↓世界販売」の体制に足場を移しつつある、ということである。たとえば、輸出依存の二大看板分野であった自動車・電機業界は、「海外生産↓世界販売」の体制に向かって、サッカー言葉にいう前がかりになっている。「海外生産↓世界販売」に前がかりになった業界の競争力強化とは、裏を返してみれば、国内産業・雇用の空洞化をかえりみないということである。この成長戦略では、内需に依拠した国民経済の成長を期待することはとうていできない。

第三は、新たな「国内生産↓海外輸出」の分野を「選択と集中」方式によって創出しようとすると、新自由主義的構造改革の徹底が求められる、ということである。たとえば、生命・健康・医療・環境・エネルギー・原発・農業・インフラ等の輸出競争力を高めようとすると、これらの分野は各種社会制度、公的規制のもとにおかれてきたから、規制撤廃・緩和策が必要になる。つまり、ターゲティング・ポリシーによる競争力強化策が、フレーム・ポリシーとしての規制改革を呼び起こす、という関係が生まれる、ということである。

たとえば、農業の国際競争力を高めるために、これまでの耕作者主義にたった農地所有制度の見直しを進め、農地の大規模化に向けた規制緩和、株式会社による農地所有の解禁を図る。医療サービス・機器分野に企業の参入を図るために医療制度そのものを見直す、といった動きが生まれる。保育・教育とて例外ではない。橋下・日本維新グループは、保育の営利事業化にとどまらず、公然と小中学校の公設民営化をうちだしている。

的外れに終わるターゲッティング・ポリシー

これらのターゲティング・ポリシーに生まれた新味は、アベノミクスの成長戦略の「競争力強化」と「規制改革」が互いに結びついていることを示すものである。そこで、次にフレーム・ポリシーとしての「規制改革」の方に目を移すことにするが、その前に、ここで確認しておかなければならないことが、二点ある。

その第一は、ターゲティング・ポリシーは基本的に従来からの「外需依存・投資主導型成長戦略」の延長線上に位置づけられる、ということである。いまここで注意しておかなければならない点は、現代日本のデフレ不況は、そもそも外需依存・投資主導型成長の産物であった、ということである。

ターゲティング・ポリシーによる競争力強化とは、ずばりいって、多国籍企業を主流にした大企業の競争力を強化すること、したがって、これまでの外需依存・投資主導型成長の路線を一層強めることにほかならない。だが、この政策は現在のデフレ不況をさらに深刻化することはあっても、その打開に役立つものとはとうていいえない。なぜなら、そもそも日本のデフレ不況は外需依存・投資主導型成長のさなかで発生し、続いてきたものだからである。いわば「いつか来た道」に舞い戻るにひとしく、肝心のデフレ不況を招いた成長戦略を、今後さらに強めてデフレ不況を退治する、というのは「毒をもって毒を制する」の無謀な処方箋にすぎない。その意味でアベノミクスの第三の矢は「デフレ不況打開」の的を外した矢である。

第二は、新しくターゲティング・ポリシーの対象とされる生命・健康・医療・教育・環境・エネルギー・情報・メディア・文化・農業・各種サービス分野は、先に指摘しておいたように、これまで何らかの公的規制のもとにおかれてきた内需分野に属する、ということである。だが、アベノミクスの言葉でいうと、この領域は「新しい産業や成長分野を国が応援する戦略市場創造プラン」の対象とされる。もし、この「戦略市場創造プラン」が多少とも進むことになれば、その結果は内需そのものの構造が変わる、ということにならざるをえない。ただし、この内需構造の変化が、ただちに新たな内需の創造になるかどうか、つまり内需の拡大になるかどうかは、ターゲティング・ポリシーだけでは決まらないことである。なぜなら、内需それ自体は、あらたな財貨・サービスの需要源泉となる国民諸階層の所得動向が決めることだからである。だが、アベノミクスは国民・家計の所得を増やすプランを何ら持ちあわせていない。したがって、「戦略市場創造プラン」は「戦略市場萎縮プラン」になる可能性がきわめて高い、といわなければならない。

この可能性は、アベノミクスによる規制改革によって、現実化する。このことを予告しておいて、規制改革の矢先に目を移すことにしよう。

3 「企業天国」「企業王国」化をめざす規制改革

「世界で一番企業が活動しやすい国」をめざす戯言

競争力強化策が「デフレ不況打開」の的を射抜くものではないということになると、アベノミクスによる成長戦略は力点を規制改革の方に移さざるをえない。安倍首相当人や竹中平蔵が、規制改革こそが「成長戦略の一丁目一番地」と主張してきたのは、そのためであった。竹中は、相も変わらず、「日本経済が競争力をもつための方法はただ一つしかない。それは、競争することである。だからこそ競争を促進するような政策が必要となる。補助金で企業を保護するのではなく、企業の負担を少なくするための規制緩和や減税こそ、おこなうべきことなのだ」と述べている。(3)

では、規制改革とは、いかなるものか。安倍政権のもとでの規制改革会議は、当初五九項目にわたる検討課題をあげ、それらを①健康・医療、②エネルギー・環境、③雇用、④創業・産業の新陳代謝の四領域に整理して、検討作業を進めてきた。ただ、規制改革それ自体は、一九九〇年代前半から、かれこれ二〇年間近く、繰り返し執拗に主張されてきたことだから、いま格別に目新しいものが浮上するというわけではない。「日本経済新聞」編集委員の大林尚は、「規制改革は医療、保育、教育など官制市場の民間開放と同義。改革を支持する勢力は政府のサイズは小さいほうが望ましいと考え、財政拡張と距離を置く」と書いたが（同紙、二〇一三年二月一七日）、おおむね、この指摘は妥当である。ここで言われているように、規制改革のポイントは「官製市場の民間開放」にある。

問題なのは、かかる規制改革がアベノミクスの成長戦略にとって何を意味するか、という点にある。安倍首相当人はこれをあからさまに、「世界で一番企業が活動しやすい国」にすること、と述べた。私は、この安倍発言を目にしたときに、正直いって、我が目を疑った。というのは、時の首相がその母国を「世界で一番企業が活動しやすい国」にするなどと主張した例を未だ知らなかったからである。大統領であれ総理大臣であれ、政権を担う者であれば、仮に建前だけ、上辺だけであるにしても、普通であれば「世界で一番国民が生活しやすい国にする」というのが通例である。国民ではなく企業が「世界で一番活動しやすい国」をめざす、と公言した首相や大統領が、古今東西、かつていただろうか。私は寡聞にしてその例を知らない。

ところが、安倍首相は堂々と、臆面もなく、この日本を「世界で一番企業が活動しやすい国」にすると述べ、それをアベノミクス第三の矢としたのである。これは、語弊を恐れずにいうと、日本を「企業天国」にすると宣言したに等しい。

「企業天国」の第一の条件は、なんといっても、労働者を使い捨てにできることである。だから、規制改革の第一の矛先は労働市場の規制に向けられる。規制改革会議メンバーの大田弘子は、これを説明して「①勤務地や職務を限定した正社員制度の導入、②民間も含めた職業紹介事業の見直し、③

セーフティネット（安全網）となる職業訓練の充実」を「雇用改革の三本の矢」にする、といった。大田は人も知る新自由主義派の代表的一員である。大田に呼応して、これまたゴリゴリの新自由主義的規制緩和論者の八代尚宏は、解雇規制の緩和を推奨して、「解雇規制の金銭補償の制度化は雇用問題の一丁目一番地で、ぜひ導入すべきだ」と主張している（「日本経済新聞」二〇一三年四月七日）[4]。

この規制改革で財界が期待するのは、「雇用維持型」から「労働移動型ルール」への転換である[5]。大田が主張した「勤務地・職務を限定した正規雇用の創設」はこの期待に応えたものにほかならない。そのほかアベノミクスは、裁量労働制の拡大、残業代不要のホワイトカラー・エグゼンプションの導入など、要するに、「世界で一番企業が活動しやすい国」にするための労働市場の規制緩和を主張する。これが実現すると、日本は「世界で一番労働者が働きにくい国」になってしまうだろう。つまり、アベノミクスの世界では、「企業には天国を、労働には地獄を」の声が響き渡る。

憲法で保障された領域の「企業王国」化

「企業天国」の第二の条件は、いまのところ企業が活動できない領域、活動しにくい領域を「世界で一番企業が活動しやすい領域」に転化することである。企業活動に参入制限、立ち入り禁止の障壁を設けている領域とは何か。いうまでもなく、その代表は憲法が企業に立ち入り禁止を命じた生存権や教育権保障の領域、すなわち社会保障・福祉・教育の領域である。規制改革とは、保育・教育・福祉・医療・介護等の企業立ち入り禁止区域を企業活動のために開放しようとする試みにほかならない。

すなわち、社会保障・福祉・教育等の人権保障領域の門戸を企業に開放してやり、いわば「企業王国」化に道をつけようというのが規制改革である。「企業王国」ができあがれば、国民生活はそのもとに従属して「生活属国」化が進むということになるだろう。

こうした「生活属国」化が意図される領域とは、一言でいえば、何よりも憲法が保障する社会権のいわば「聖域」であった。社会権とは、その実現を社会が保障する人権領域のことである。現代日本の憲法にそくしていえば、生存権、教育権、労働権、団結権がその代表であり、これにアメニティ権、ジェンダー平等権等を加えてもよい。こうした社会権は、これまで福祉国家的諸制度をつくりあげてきたものである。したがって、アベノミクスの規制改革とは、福祉国家のもとでの「官製市場の民間開放」をねらったものである、と言いかえられる。福祉国家の「官製市場」を営利企業に売り渡すことは、「福祉国家の企業王国化」に等しい。ここでは、「企業王国」化とともに「福祉属国」化が進むということになるだろう。

とすれば、規制改革とは、なんのことはない、「企業天国」のもとでの「労働地獄」化、「企業王国」のもとでの「福祉属国」化を進めることにほかならない。確かに、このアベノミクス第三の矢は、「企業天国」と「企業王国」を成長させ、安倍首相のいうとおり日本を「世界で一番企業が活動しやすい大国」に育てる戦略の意味をもつ。だが同時に、この成長戦略は、ほかならぬ格差・貧困社会化を促進してきた「いつか来た道」に舞い戻ることを意味する。なぜなら、企業天国・王国のもとでの「労働地獄」「生活属国」「福祉属国」化こそは、今日まで続くデフレ不況を招いた格差・貧困社会化をさらに進めるものだからである。

日本型新自由主義的蓄積というべき外需依存・投資主導型成長のもとで進んできた格差・貧困社会化――これをさらに増幅するような道にいま一度舞い戻ろうとする戦略に、デフレ不況が打開できるか。答えが「ノー」であることは、もはや指摘するまでもあるまい。こうしてアベノミクス第三の矢は、デフレ不況克服の的には最初から向かわない「的外れの矢」になってしまうのである。

だが、話はこれで終わらない。第三の矢が「的外れの矢」になることを承知のうえで、アベノミクスは、すでに第四・第五の矢を背中に携えているのである。したがって、アベノミクス続編のストーリーとして、この点をみておかなければならない。

4　続編アベノミクスの第四・第五の矢

アベノミクス第四の矢「消費増税」

安倍首相がそもそもアベノミクスを持ち出した理由は、第1章で指摘したように、安倍政権のもとで、二〇一四年四月に予定された消費増税（五％から八％への引き上げ）を実施するためであった。消費税の二段階引き上げは、法律上は予定されているものの、実際に実施するかどうかは、経済状況の好転を条件として判断されるものとなっていたのである。言いかえると、デフレ不況が続き、経済状況が好転しないかぎり、消費増税は先送りせざるをえないというのが、一二年八月時点の「税・社会保障一体改革」に関する三党合意の趣旨だったわけである。

ところが、安倍政権が成立する前後の日本経済は、好転の兆しをみせるどころか、むしろさらに悪化する傾向のもとにおかれていた。このままでは、仮に政権を奪還しても、消費税の実施は先送りしなければならない、こういう状況のなかで安倍政権は誕生したのである。安倍当人も、「デフレが進行する中では消費税は上げない」と明言して、首相の地位につくことになった。

そこで打ち出されたのがアベノミクスである。すなわち、アベノミクスがデフレ不況の打開を標的にしたのは、安倍政権の手で消費増税を実際に実施するためであった。とすれば、三本の矢がそれなりに功を奏して、たとえみせかけだけであっても、「デフレ現象」が多少とも改善されるとすれば、その次に放たれる第四の矢は消費増税ということになるだろう。つまり、アベノミクスは三本の矢で完結するのではなく、「三本の矢→デフレ状況の改善→消費増税＝第四の矢」というシナリオで構成されていたのである。ただし、この筋書きはバブル頼みのものである。なぜなら、デフレ不況は打開できないまでも、「デフレ状況（物価下落）」を多少とも食い止める効果が期待できるのは、第2章でみたとおり、黒田日銀の「異次元の金融緩和」による資産価格の引き上げ、つまりバブル促進策だけだったからである。

バブル頼みのリフレ（物価上昇）は、国民からみれば、単なるデフレ以上に迷惑なことである。なぜなら、賃金・所得が下落するさなかの物価上昇は、物価下落以上に始末が悪いからである。この生活悪化に、アベノミクスの放つ第四の矢（消費増税）が追い打ちをかける。この第四の矢は、これまでの三本の矢が一応デフレ不況打開をターゲットにしていたのにたいして、正面から国民生活を標的にして放たれる矢である。まさか消費増税をデフレ不況打開のための矢だというような人は、誰一人としておるまい。

ところが、話はこれにつきない。アベノミクスの三本の矢は、消費増税という第四の矢を登場させるのみならず、同時に第五の矢を準備する。それが社会保障構造改革の矢である。

アベノミクス第五の隠し矢「社会保障構造改革」

アベノミクスの第二の矢であった公共事業のバラマキは、それだけ財政を悪化させて、そのツケを社会保障にまわす圧力をつくりだすものであった。それが証拠に、すでにアベノミクスでは、「財政健全化の本丸は社会保障改革だ」の合言葉のもと、「消費増税によって社会保障の機能強化を」ではなく、「消費増税とともに社会保障財政の圧縮を」に向かう流れが主流になりつつある。土建国家型ケインズ主義のツケは福祉国家にまわされ、社会保障・福祉財政の圧縮・節約が進められるのである。

さらに第三の矢は、「企業天国」のもとでの「労働地獄」化、「企業王国」のもとでの「生活・福祉属国」化を進めるものであった。これは雇用と社会保障の二面から福祉国家的諸制度を切り崩す意味をもつ。社会保障制度改革国民会議がいま進める社会保障給付の制限・限定化、保険主義強化、社会サービスの市場化等の検討は、アベノミクスの第五の矢を準備するものにほかならない。この第五の矢は、安倍政権固有の事情のもとで、いまや国民にとっては毒矢の性格を帯びる。

毒矢となる第一の理由は、安倍政権の与党自民党がいかにも過激な新自由主義的福祉観に依拠しているからである。同党は、二〇一二年一二月の総選挙時の政権公約において、「自民党が目指す社会保障は、『自助を基本とし、共助・公助が補う社会づくり』です」と主張し、その理念を「私たちの考え方は、まず『自助』が基本です、個々人が国に支えてもらうのではなく、自立した個人が国を構成するという考え方です」と説明した。自立・自助の原則を最優先する考え方は、もはや社会保障といえる代物ではない。新自由主義の原点である一九世紀型の古くさい福祉観を持ち出す自民党政権が、これまで以上に過激な社会保障構造改革、つまり社会保障の圧縮に向かうのは必至とみなければならない。

その下準備は、すでに、民・自・公の三党合意にもとづく社会保障制度改革推進法に織り込まれている。同法は第二条において、その目的を「自助、共助及び公助が最も適切に組み合わされるよう留意しつつ、国民が自立した生活を営むことができるよう、家族相互及び国民相互の助け合いの仕組みを通じてその実現を支援していくこと」と規定している。これは、社会保障の大黒柱を相互扶助（共助）にすることを述べたものにほかならない。

社会保障における相互扶助の仕組みとは、医療・年金等の社会保険にそくしていうと、保険原理にもとづく仕組みのことをさす。そもそも保険とは、「自助プラス共助」の産物である。というのは、保険は疾病・事故等の私的リスクをプールして、各人の負担を極力抑えようとするところに成立するもの、したがって、自助責任を出発点にしてリスクへの備えを共同化（共助化）したものだからである。

そこで、実際、推進法は「年金、医療及び介護においては、社会保険制度を基本とし、国及び地方公共団体の負担は、社会保険料に係る国民の負担の適正化に充てることを基本とする」と規定した。これは、医療保険では保険主義の原則にたった運営を基本にする、ただし保険料負担の軽減が必要な場合に限って公費（消費税財源）を投入する、ということを述べたものにほかならない。

では保険原理に依拠した保険主義強化とは何を意味するか。当面、もっとも重要になるのは、保険原理の第一とされる「収支相等の原則」が貫かれることである。この原則は、保険財政の収入と支出を均衡化すること、端的にいうと赤字を出さないことを意味する。

医療・介護保険に「収支相等の原則」が徹底されると、二つのことが進行する。一つは、保険財政に赤字が生まれそうなときには、保険の収入確保策の強化、すなわち保険料か消費税かのどちらか、またはその両方の引き上げをはかる。いま一つは、保険給付の制限、支出の削減である。この二つの選択のうち、収入確保策の面では、すでに保険料を補填するために消費税を引き上げることが決まっているから、社会保障構造改革の側の力点は、いきおい保険給付の見直しに向かわざるをえない。これは国民皆保険体制がじわじわと浸食されてしまうことを意味する。

第二は、すでに指摘したように、「税・社会保障一体改革」が、二〇一二年八月段階の「社会保障を維持するためには消費税の引き上げが必要だ」という議論から、いまや「消費税増税を我慢してもらうには社会保障自体の身を切ることが必要だ」という議論に移りつつあるからである。

二〇一四・一五両年にまたがる消費税の二段階引き上げが実施される過程では、安倍政権としては、消費税のうえにさらなる追加的負担を国民につきけるわけにはいかない。とすれば、いきおい社会保障構造改革の力点は給付面の圧縮・制限におかれざるをえなくなる。社会保障は消費税で支えられるのではなく、むしろそれとは逆に、消費増税のために圧縮・削減される方向に立たされるのである。

第三は、医療・介護の社会サービス分野にたいして、すでに社会保障制度改革国民会議がもっぱら給付の制限・限定化に向けた作業に入っていることである。同会議は、社会保障制度改革推進法（二〇一二年八月成立）にもとづき、また同法の具体化のために設置されたものである。推進法は、医療保険では、「保険給付の対象となる療養の範囲の適正化等を図る」と述べ、介護保険では、「介護保険の保険給付の対象となる保健医療サービス及び福祉サービスの範囲の適正化等」を打ち出している。これは、医療・介護保険では、医療・介護両サービスの給付範囲を限定化する、ということである。これがすなわち保険主義化の一帰結である。

社会保険による医療・介護給付の制限・限定化とは、患者や高齢者に必要とされる医療・福祉サービスが、医療・介護保険によるだけでは十分に提供されなくなることを意味する。これは明らかに、国民皆保険体制にたいする新たな挑戦というべき意味をもつ。実際、推進法ではもはや「国民皆保険」の言葉は出てこない。

国民皆保険体制が崩れ、医療・介護・福祉等の社会サービスの制限・限定化が進行する過程で何が起こるか。生存権保障に不可欠な社会サービスが社会保障制度によって十分に給付されなくなると、その不足分は自助によって、すなわち自らの資力によって市場から手に入れるよりほかはない。したがって、そこでは「社会保障・福祉の市場化」が確実に進行する。「社会保障・福祉の市場化」が、アベノミクス第三の矢がねらった社会保障・福祉分野の「企業王国」化であることは、もはやいうまでもないことだろう。

こうして、アベノミクスの三本の矢は、一言でいえば「税・社会保障一体改革」の徹底に向けた第四・第五の矢に引き継がれることになるのである。(6)

おわりに――アベノミクスに別れを告げた世界

アベノミクス第三の矢の「成長戦略」は、アベノミクスがそもそも標的とした「デフレ不況打開」の目標からみれば、およそのっけから「的外れの矢」である――これが本章の結論である。国民生活からみると、この「的外れの矢」は、ブーメランのように途中でUターンし、国民生活のボディに突き刺さるような矢になりかねない――これがアベノミクス続編の結語である。

アベノミクスの三本の矢を総括していえば、本書第1章で予告しておいたように、第一の矢は「的に届かぬ矢」、第二の矢は「的をかすめる矢」、第三の矢は「的を外れた矢」の三本ということになる。なぜ、こういう結末になったかといえば、それはそもそもアベノミクスが問題の原因や解決法をアベコベにとらえるアベコベミクスになっていたからである。アベノミクスが問題にした現代日本のデフレ不況のとらえ方、その対処法が、そもそも本末転倒の視点によっていたのである。新自由主義的蓄積が生みだす「九九％対一％」の社会構図に照らしていうと、アベノミクスは「九九％」の視点に立たず、「一％」の側から出発したのである。その意味で、アベノミクスは「一％」が主役となった舞台の物語である。したがって、ここでは、一％ではなく九九％が主役となる舞台を考えなければならない。この芝居のテーマは貧困・格差社会化の克服・打破である。

このテーマにそった物語は、大きく二つにわかれる。その第一は所得分配の不公平をあらためることである。第一次所得分配の不公平は、労資間の所得分配の不公平、したがって高い資本分配率（高い企業利潤）と低い労働分配率（低い労働賃金）の不均衡を是正することである。そのためには、労資間分配率のこの不均衡を招いた雇用破壊、労働市場の規制緩和を根本からあらためなければならない。つまり、アベノミクスの「企業天国」「労働地獄」の物語を逆転しなければならない。

第二は、第一次の所得分配の是正で不十分にとどまる部分を第二次の所得再分配で補強することである。そのための施策は、過剰資金を税制によって吸い上げ、社会保障制度等を通じて低所得の側、過少消費の側にまわすことである。この方策は、格差社会における上層の所得を下層にまわす再分配策となるから、すでに述べてきたように、タテ型の再分配、すなわち垂直的所得再分配を意味する。これに成功すれば、家計消費を中心にした内需が回復する。したがって、ここでは一定の経済成長を確保することができ、成長に立脚した税収が見込まれることになる。この「垂直的所得再分配→内需回復→安定成長→税収の中長期的回復」の流れを確実にするためには、消費税ではなく、所得弾性値の高い（所得変動に高い弾力性をもつ）累進所得税に依拠することが肝心になる。

これが九九％層が主役になったときの物語の大筋である。この物語が、アベノミクスの矢とはまるで違った方向から、デフレ不況打開のという的の中心部を射抜く成功物語になるはずである。

（1）たとえば、インフレ・ターゲット派の若田部昌澄は、「マネーを増やすことが予想物価上昇率の変化をもたらし、それがある程度の時間的遅れを伴って、賃金と物価に影響をおよぼす」としている（若田部昌澄『解剖 アベノミクス』日本経済新聞出版社、二〇一三年、八二頁）。これは、彼らの直接ねらうところが、インフレ（物価上昇）にあることを示すものである。

（2）日銀による国債のプレミアム付き買い取りについては、松本朗「経済危機下における日本銀行の金融政策」『日本の科学者』二〇一三年二月号を参照。

（3）竹中平蔵「『日銀との連携強化』は景気回復の必須条件」『Ｖｏｉｃｅ』二〇一三年二月号、後に前掲、文藝春秋編『アベノミクス大論争』に所収）。なお同書で、河野龍太郎「財政頼みのモルヒネ経済化」も、竹中同様に、「成長戦略の王道はあくまで規制緩和であった、政府介入ではない」「政府介入を極力減らし、経済活動を自由にすることこそが正道である」と主張している。

（4）ついでに、八代が「ゴリゴリの新自由主義派」だという点は、八代尚宏編『「官製市場」改革』日本経済新聞社、二〇〇五年、同『「健全な市場社会」への戦略』東洋経済新報社、二〇〇七年、同『新自由主義の復権』中公新書、二〇一一年等で確かめることができよう。

（5）「日本経済新聞」コラムニスト平田育夫は、労働市場をめぐって「能力不足でも解雇されず給料も高い。非正規社員増加の元凶だ」という風潮が高まっていることを口実にあげて、「終身雇用や年功賃金などの〝特権〟が経済原理で自然に崩れる事態も想定し、次の雇用制度を考える時ではなかろうか」と主張し、財界の「労働移動型ルール」が必要となるゆえんを「『正社員保護主義』が競争力低下の一因である」という「根拠」から説明している。ジャーナリスト精神の堕落を示すアベノミクス御用達の発言というべきである（同紙、二〇一三年五月一三日）。

（6）この「税・社会保障一体改革」の顛末については、二宮厚美・福祉国家構想研究会編『福祉国家型財政への転換』大月書店、二〇一三年を参照。

補　論

外需依存・投資主導型成長に立ちふさがる壁

アベノミクス最後の頼みとしての外需依存・投資主導の再現

アベノミクスが直面した問題は、何よりも、現代日本のデフレ不況であった。今日のデフレ不況が、新自由主義的蓄積のもとでの格差・貧困社会化を土台にして進行していることは、すでに本論（特に第1章）でみたところである。格差・貧困社会化を根拠にした不況とは本書プロローグの言葉でいえば、資本主義に根ざす一つの「絶対的矛盾」のあらわれであった。プロローグでは、この「絶対的矛盾」のなかで動くアベノミクスは、釈迦の掌の上を動き回る「安倍孫悟空」のような動きを示す、と指摘しておいた。

新自由主義的蓄積のもとでの格差・貧困社会化は、「雇用破壊→勤労者の賃金・所得減→家計消費の低迷→内需不振」の強い底流をつくりだす――この帰結を現代のデフレ不況は物語るものであった。ただし、家計消費の内需が不振に陥った場合、不足する内需を補填する道がまったくない、というわけではない。リーマン・ショック以前のアメリカがたどった道は、国内の消費需要そのものをバブル化して膨らませる方向であった。住宅・証券バブルの勢いによって、不足する内需を補う――これがいかにもアメリカらしい大量消費社会型成長のパターンであった。

アベノミクスの第一の矢は、量的金融緩和策の徹底によって、このバブル依存型の道を突き進もうとする矢であった。だが、バブル依存型のデフレ不況打開策は、万が一「デフレ現象」を解消することに成功したとしても、不況を打開し、経済を安定的成長の軌道に乗せる、というものではない。特に、現代日本の消費不振にもとづく不況を突破することは不可能なまでに困難である。

ただ、国内の低迷する消費需要を補塡する役割を担うものとして、そのほかバブル以外に、①民間投資需要、②公共消費・投資需要、③外需（輸出）の三つが考えられる。このうち、アベノミクスの第二の矢は、第二番目の公需に依存して不況突破をめざそうとするものであった。この道は、国際比較風にいえば、ギリシャ・南欧のたどったコースであった。安倍政権は、このコースにそって、公共事業（公共投資）のバラマキに頼り、景気を刺激する道に走った。だが、この第二の矢は、仮に功を奏しても、一時しのぎの弥縫策にすぎず、現在のギリシャ・南欧諸国（ＧＩＩＰＳ）が示すように、後世に借金のツケをまわすものにすぎなかった。これらは、本論でふれたとおりである。

いまここで問題なのは、アベノミクス第三の矢「成長戦略」がめざした方向である。これは、上記の項目でいうと、第三番目の外需依存型成長のパターンをめざすものであった、といってよい。外需依存の道とは、世界市場を相手に競争力をつける「グローバル競争国家」路線を意味する。外需に依存した成長を回復させれば、それを突破口にして、需要項目の第二番目にあたる民間投資需要も伸びる。つまり外需が国内投資を誘発する。この外需依存・投資主導型成長のパターンは、これまで日本がお家芸としてきた成長戦略である。成長の引き金になる外需は、リーマン・ショックを契機にした金融危機以前は、主にアメリカ、以後は中国・アジアからのものであった。

この補論で問題にしようとするのは、こうした外需依存・投資主導型成長戦略が果たしてうまくいくかどうか、ということである。アベノミクスは、明らかに、この外需依存・投資主導型成長の再現をねらったものである。たとえば、岩田規久男（日銀副総裁）は、インフレ・ターゲット策のもとで進行する円安を想定し、そこから生まれる成長を説明して、「円安になれば、製造業の輸出が増え、輸出の増加に応ずるために設備投資も増えます。それが非製造業にも波及し、非製造業の設備投資も増えます。設備投資が増えると生産も増え、その結果、所得も増えます。所得が増えると消費も増えます。需要が増えて生産が追いつかなくなれば、インフレになります」と語っている[1]。

だが、日本経済の現実は、こうした岩田らの期待を裏切るものである。アベノミクスが登場する直前のデフレ不況の実態は、これまでとは違って、日本経済が外需に依存した成長にも、投資主導による景気回復にもなかなか向かわない構造に陥りつつあることを示すものであった。これは、二一世紀の日本経済が一つの構造転換期に突入したことを物語るものである。

そこで、この補論では、アベノミクスの矢がいかに的外れの矢であるかを示す現実を確かめる意味で、安倍政権が登場する前後の日本経済が示した構造転換の予兆のようなものをみておくことにしたい。まずアベノミクスが登場する前夜の日本経済を回顧するところから始めよう。

外需依存の道がぶつかった壁

日本経済は、二〇一二年春頃までは上向きの景気動向にあったが、夏以降、一気に後退局面に突入した。GDP統計でいうと、すでに四―六月期のGDPは年率換算で実質〇・一%減、七―九月期にはこれが三・五%マイナスに深化している。かの3・11被災後の落ち込み以来の低下であった。一二年夏以降の景気後退の特徴は、内需・外需ともにマイナス、景気の底支えになったのは唯一3・11後の復興需要だけであった、という点に求められる。言いかえると、家計消費の低迷に加えて、これまでは成長要因であった民間設備投資、輸出の二つが同時に振るわなくなったということである。これは、従来の外需依存・投資主導型成長が一つの壁にぶつかったことを意味した。

輸出がマイナスに転じたのには、大きく二つの（直接的）要因が働いていた。一つは、ユーロ危機に起因する海外市場の悪化である。ＥＵは中国にとって最大の輸出先である。そこで日本は、ユーロ危機を反映した対ＥＵ輸出の悪化、対中国輸出の減少に見舞われることになった。対中輸出減少には、もちろんそればかりではなく、特に二〇一二年九月以降は、尖閣諸島をめぐる日中関係の悪化が大きく作用した。一二年九―一〇月の対中輸出は、前年比で約一五％下落している。特に自動車輸出はこの時期に急速に冷え込むことになった。

いま一つの要因は円高の影響である。円高は輸出競争力という面からみれば、明らかにマイナス要因となる。一ドル＝八〇円割れを起こすほどの円高は、すでに二〇一一年半ばから進行していたから、その円高傾向のもとで、日本の輸出は、一二年に入って以降、減少の道をたどり、九月の急減にいたるまで連続五か月のマイナスを記録していた。円高は、後にみるように、輸出の採算条件を悪化させ、海外生産への移行を促さずにはおかない。

輸出が減少する一方で輸入は増大傾向にあるため、二〇一二年上半期の貿易収支は過去最大の赤字となり、下期も貿易収支が悪化したために、一二年度貿易赤字は八兆一六九八億円、過去最大となった（**図1**参照）。特に注目されるのは、従来であれば、輸出の稼ぎ頭であった電機・電子製品の輸出

図1　貿易収支の動向

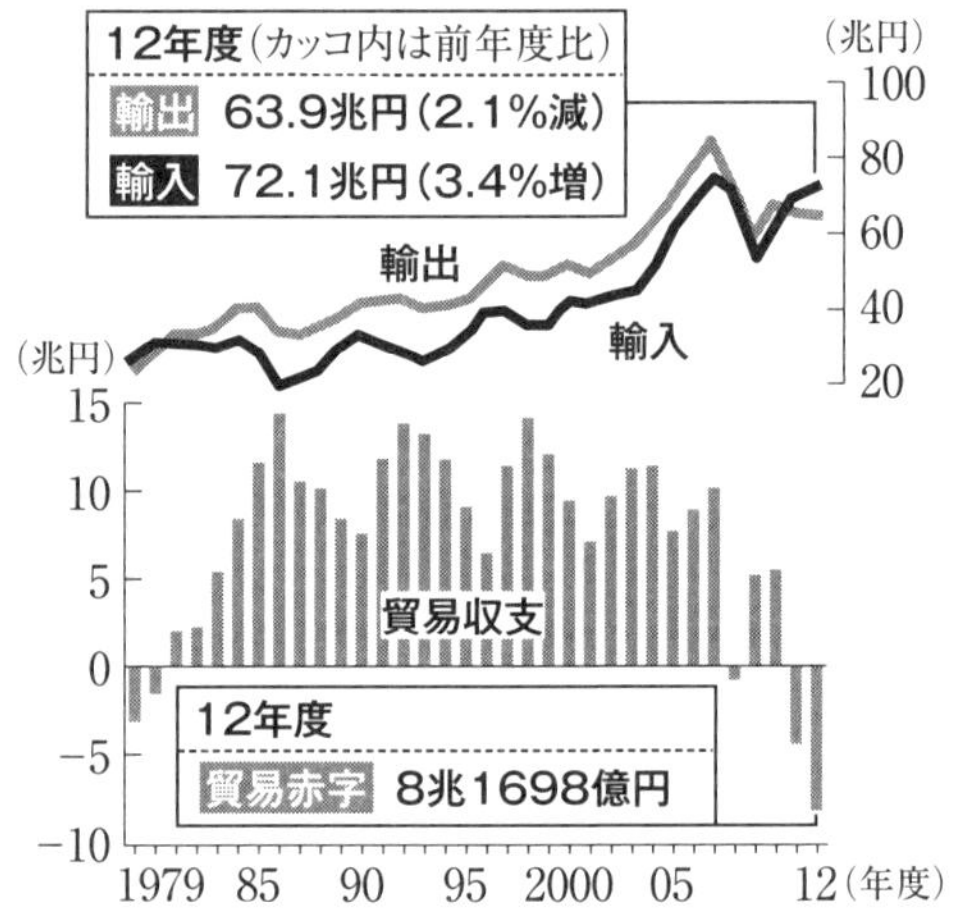

出所：「日本経済新聞」2013年4月18日。

が、近年になって急速に減り、逆に輸入品のウェイトが高まっていることである。たとえば、一二年の携帯電話では、輸入が一兆一一九二億円だったのにたいして、輸出は二四億円強にとどまっている。これらの結果、電子産業の貿易黒字は、一九九一年には九兆円、これが一二年には一六分の一以下の五五〇〇億円に急落している（**図2参照**）。いうまでもなく、これは、日本のエレクトロニクス業界が海外生産の比率を高めたからである。

問題なのは、日本のような外需依存・投資主導型成長パターンの場合、輸出の減少がただちに国内の生産にはね返り、設備投資の減少を招くことである。自動車・電機をはじめとする輸出関連業界は二〇一二年夏以降減産体制に入り、設備投資もソフトウェアを除く分野ではすでに七―九月期に前期比二・五％のマイナスとなった。日銀調査によれば、一二年六月時点の設備投資は一二・四％増だったのに、七―九月期の設備投資は前期比三・二ポイントのマイナスとなった。リーマン・ショック以降、日本の設備投資額は、ほぼ減価償却費並みの水準に落ち込み、増産のための投資が一向に伸びない状態に陥ったが、「輸出減少→投資停滞」の流れが今後も続けば、日本経済は投資主導型成長の軌道を

図２　日本の電子工業の輸出入額

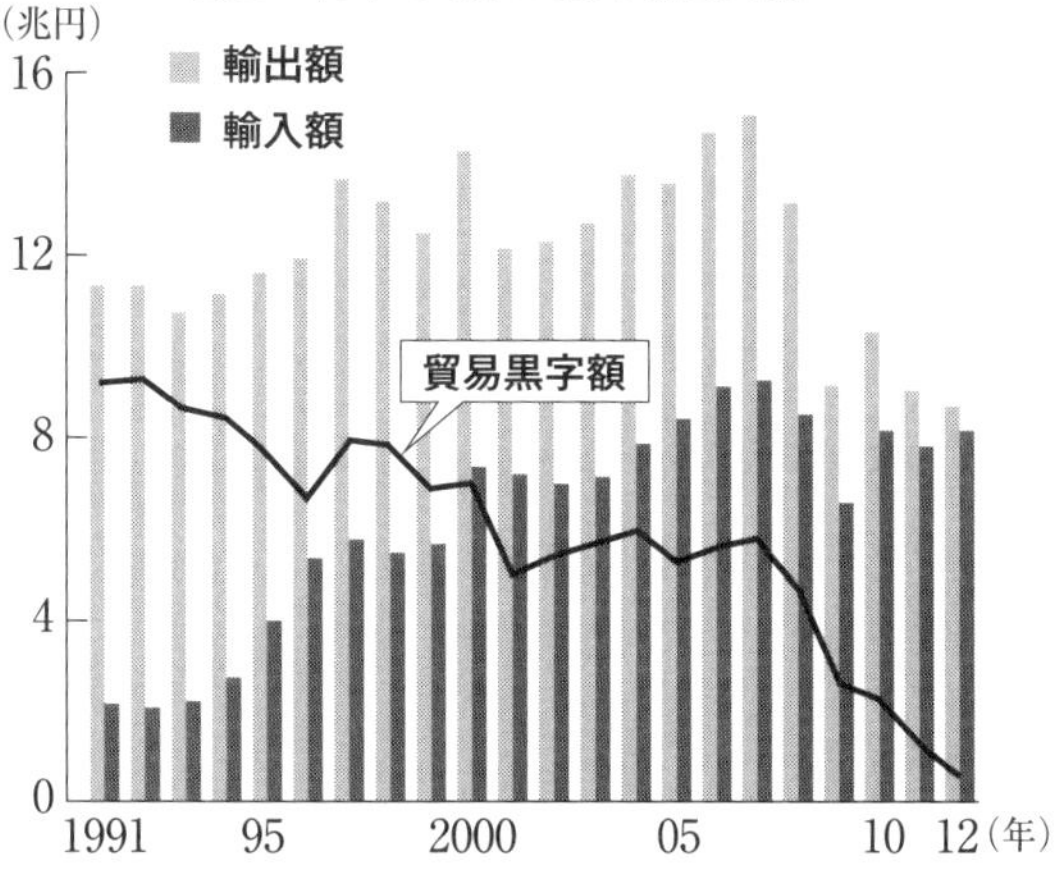

注：数値は2012年の品目体系に基づく。

出所：電子情報技術産業協会（「日本経済新聞」2013年4月4日）。

踏み外すことになる。

それだけではない。最近の日本経済には、外需依存の壁とともに、投資需要の側でも一つの大きな変化があらわれている。その変化は、構造的異変の面をクリアにするためにあえてキーワードを用いていうと、二つの言葉で表現される。一つは「委託生産の活用」、いま一つは「現地生産の進行」である。前者は電機・電子関連企業に、後者は自動車産業にその典型をみることができる。電機と自動車は、いうまでもなく、これまでの外需依存・投資主導型成長をリードしてきた産業・企業である。この二業種に「委託生産の活用」と「現地生産の進行」が進むと、日本の内需不振にもとづくデフレ不況は一層深刻なものにならざるをえない。そこで、この二点について簡単にみておくことにしよう。

「委託生産」と「現地生産」の進行による国内生産の縮小

まず電機・電子産業では、この間、ＥＭＳ（Electronics Manufacturing Service）の活用が進

行した。ＥＭＳとは、具体的には電子機器・部品の受託生産企業を意味するが、台湾・中国・韓国等で発展してきたものである。ところが、このＥＭＳの利用は、委託生産に走る企業側の技術をＥＭＳ側に流出させる。日本の電機・電子関連企業は、台湾・韓国等のＥＭＳに技術を移転し、これによって逆に自らの国際競争力を失うハメに陥ったのである。近年のパナソニック、シャープの経営危機はこれを主因とするものであった(2)。

電機・電子関係でパナソニックやシャープが競争力を失いつつあるのは、多国籍企業化の道に突き進んだことの帰結であった。電機・電子・情報・通信機器類は、その機能・属性的特性から一定の規格性、互換性、代替性が要求される。たとえばデジタル機器類は、世界のどこでも使用でき通用するものでなければならない。その限りで、世界の万人を相手にした多国籍企業にとって、電機・電子製品は格好のグローバル市場商品となる。それと同時に、一定の規格性をもったデジタル機器類は、技術的条件・水準やインフラが整ってさえおれば、全世界どこでも生産可能なものである。技術・生産条件が均等化していけば、デジタル機器類の市場競争力は価格次第ということにならざるをえない。生産・技術条件が同じであれば、あと市場競争を決するのは値段しだい、これが市場を貫く法則である。同じ商品の価格を左右するのは、人件費等のコスト、量産メリット（大量生産によるコストダウン効果）である。

ここで、日本の電機・電子業界における多国籍企業は、価格競争に打ち勝つために、ＥＭＳの活用に走った。ただし、ＥＭＳの利用には、ＥＭＳ側に電子機器・部品等の量産技術が整っていなければならない。ここに思わぬ落とし穴が待っていたのである。それは、日本企業がこの量産技術を海外のEMSに移転したことである。大づかみにいって、モノづくりの技術は研究開発、技術開発、量産技術の三つに分かれるが、前二者の設計・試作段階までの技術は保持しておくにしても、製品化・量産技術については海外のEMSに移転・流出させる傾向に走ったのである。[3]それは、コスト競争上、やむをえざる選択であったかもしれない。だが、冷ややかにみて、この量産技術の海外移転は、グローバル市場をめぐる多国籍企業間の価格競争が呼び起こした必然的結果であった。

半導体（DRAM）市場におけるエルピーダメモリ、システムLSI市場におけるルネサスエレクトロニクスの敗退は、いずれも台湾・韓国系EMSとの価格競争が敗因となったものであった。すでに二〇一二年、エルピーダは米のマイクロン・テクノロジーによって買収され、ルネサスのほうは産業革新機構とトヨタ等民間八社の出資によって再建の道を歩むことになった。同じことは、液晶パネルの分野でも、起こった。まず東芝、日立、ソニーの中小液晶パネル部門は産業革新機構の出資を受けて統合され、ジャパンディスプレイが発足した（一二年四月）。液晶パネル生産で生き残ったパナソニックとシャープの二社は台湾勢におされて経営危機に陥り、パナソニックは大型液晶パネルおよびプラズマテレビから撤退、シャープの堺工場は台湾のEMS鴻海に買収される予定となった。シャープは、その後、韓国のサムスンとの連携で窮地を凌ぐ方向に向かっている。

電機・電子業界が「委託生産の活用」の結果、国内の生産体制の縮小再編に向かっているのにたいし、自動車業界は、海外での「現地生産の進行」に走って国内の生産体制の縮小に向かう例を物語

図３　海外生産比率の推移（製造業）

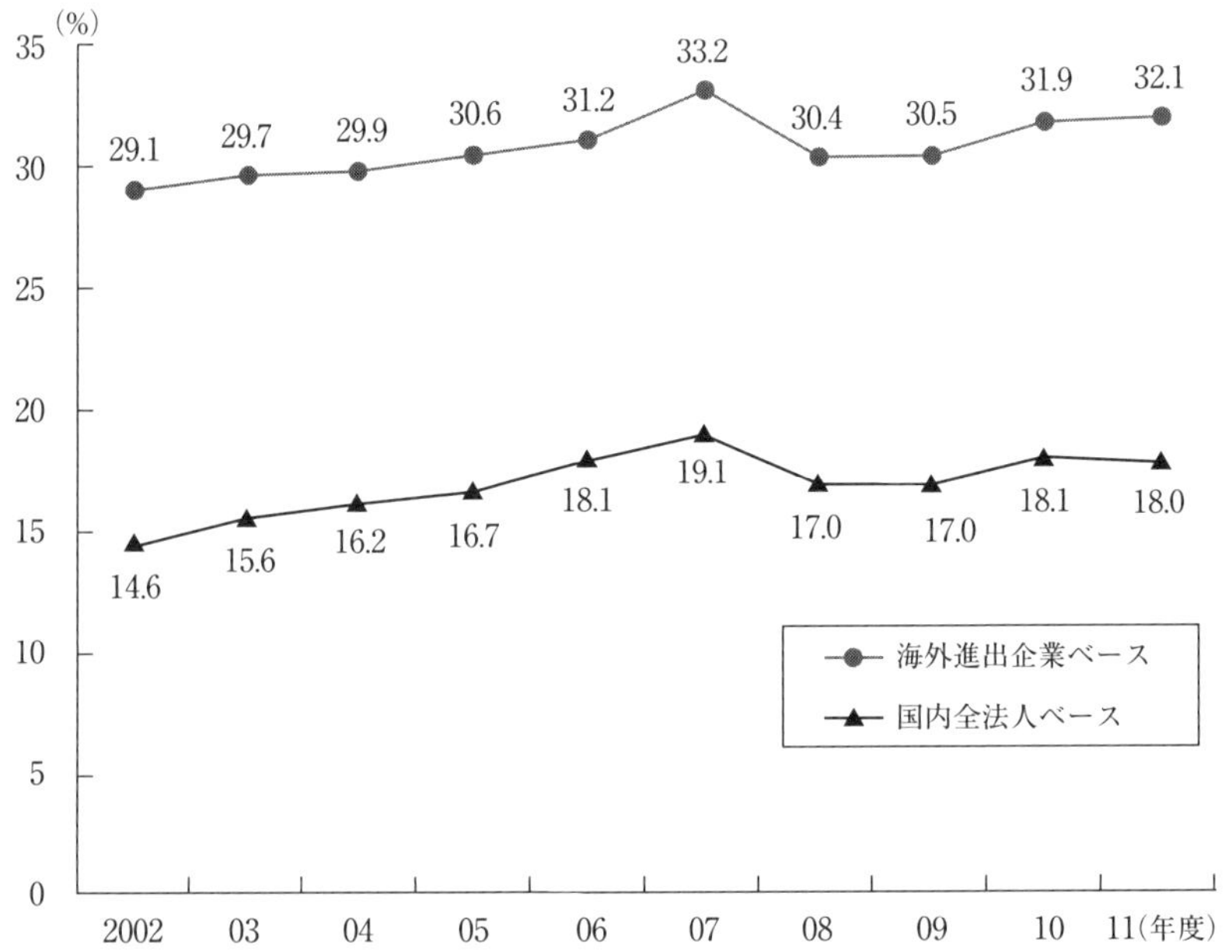

出所：経済産業省「海外事業活動基本調査」より。

る。自動車（八社）では、すでに二〇一二年前期で、海外生産が約六割に達する。国内生産が約五〇〇万台、海外生産が約八〇〇万台であった。トヨタは現在、世界全体で一五年には合計一〇〇〇万台の生産をめざすとされているが、そのうち国内生産は三割の三〇〇万台に絞る予定となっている。三〇〇万の生産台数は国内の生産体制の維持、すなわちサプライチェーンを維持するために不可欠な最低の数だという。日産では、これが一〇〇万台の生産体制となる。いずれにしても、海外生産拡大・国内生産縮小の傾向が続く、ということである（製造業の海外生産比率動向は**図３**参照）。

そのうえに、海外生産の進展は全世界での部品の共通化（モジュール化）を呼び起こす。すでに自動車の場合でも、これまでは国内で生産されていた基幹部品（エンジンや変速機）の海外生産が始まっている（「日本経済新聞」二〇一二年一二月二〇日）。これに価格競争の圧力が加わると、海外生産による低価格の部品が逆輸入されることになるから、それだけ国内の生産体制は圧縮される。

かかる現地生産化の動きは、自動車以外、たとえば鉄鋼、工作機械、製紙、石油化学等でも進んでいる。その一例は、王子製紙である。同社グループは、現在約二万人の従業員を二〇一六年三月までに約二〇〇〇人減らし、インド等への進出を進めて、海外販売額の割合を現在の一一％から二六％に高める計画を発表している（「日本経済新聞」一二年一一月二三日）。そのほか、一二年末には「日本経済新聞」（一二月三一日）は、三井化学がシンガポールで特殊樹脂生産を開始したことなどを紹介して、「先端素材の海外移転が止まらない」と書いた。生産の海外移転は、国内生産の縮小を招く。そこですでに、住友化学は、千葉コンビナートの工場を一五年秋に停止し、国内のエチレン生産から撤退し、三菱ケミカルは鹿島コンビナートのエチレン設備一基を一四年に廃止することを決めている（「日本経済新聞」一三年二月一日）。

鉄鋼でも、最近になって、化学と同様に、過剰設備の廃棄を進める計画が発表された。新日鉄住金の君津高炉一基の休止、神戸製鋼による神戸製鉄所の高炉休止の計画がその例である。これらは、自動車・電機の海外移転に伴って、国内の素材部門が過剰化し、その結果、過剰設備の廃棄が迫られるにいたった例を物語るものである。

ここで確認しなければならないことは、日本の外需依存・投資主導型成長が一つの転換を迫られている、ということである。二〇一二年夏以降の景気後退の構造はこのことを物語るものであった。転換が必要なのは、まず外需依存そのものに限界が生まれていること、また「委託生産の活用」と「現地生産の進行」とによって国内生産体制が縮小に向かい、投資需要が内需を補完して成長のエンジン役を果たすことができなくなっていることによる。

図４　海外現地法人設備投資額および海外設備投資比率の推移（製造業）

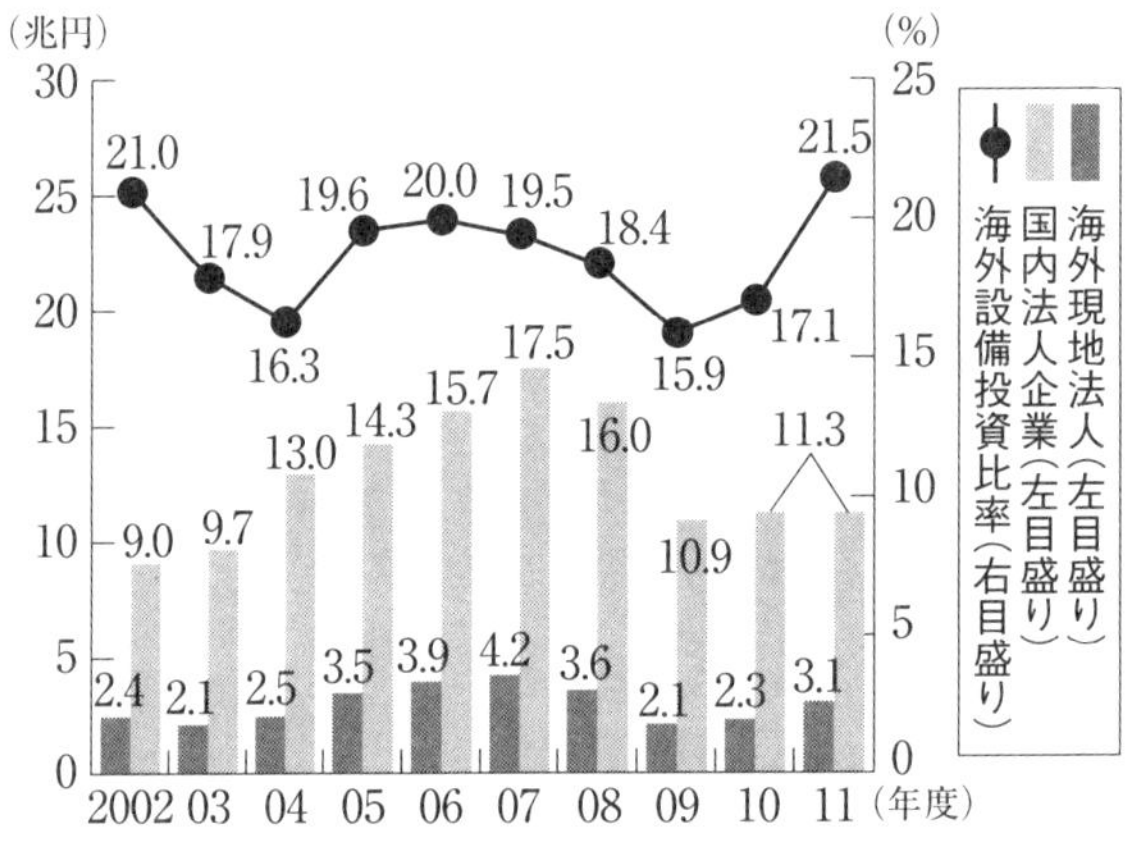

注：経済産業省「海外事業活動基本調査」から作成。

出所：「しんぶん赤旗」2013 年 4 月 5 日。

アベノミクス効果の薄さを示す現実

そこで問題は、アベノミクスによる株高・円安化が、再び、外需依存・投資主導型成長の道を取り戻すことができるかどうかである。アベノミクスには残念ながら、日本経済の現状では、外需依存・投資主導型成長パターンの再現は期待できそうにもない。ここでは、その根拠を示す二つの例をあげておこう。

図５　円高修正を受けた今後の国内外の生産規模の方針

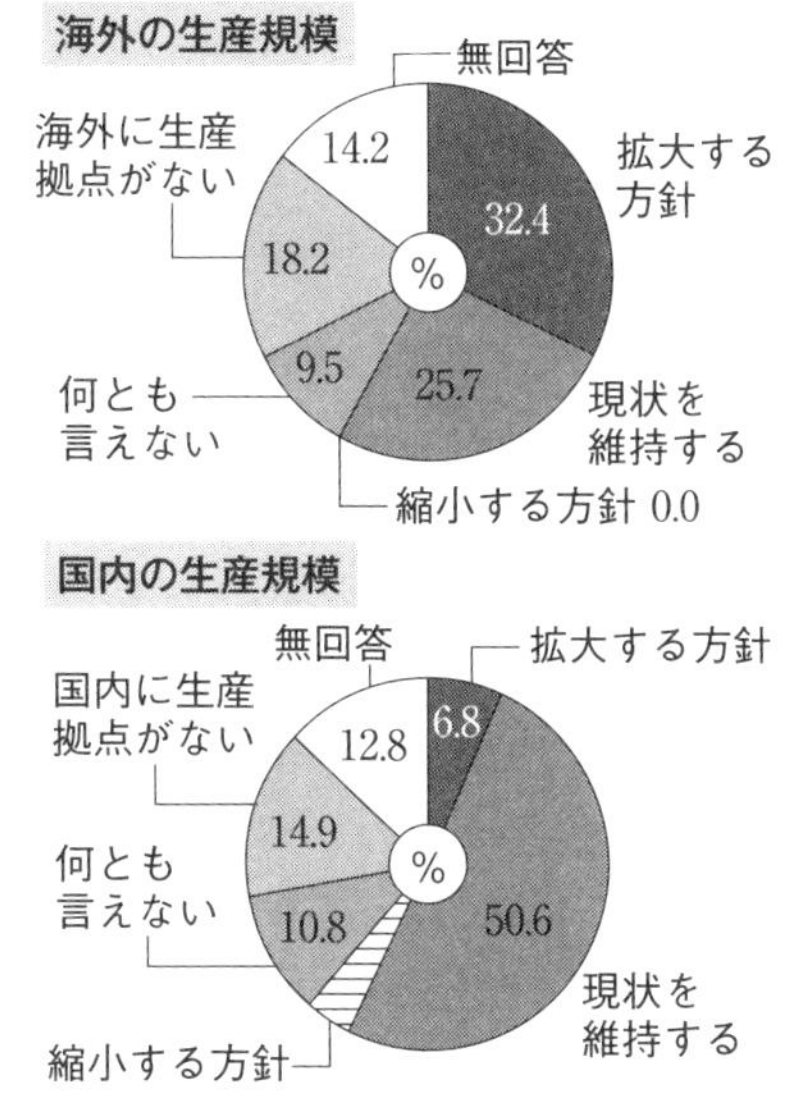

出所：「日本経済新聞」2013年3月24日。

一つは、企業の設備投資動向である。リーマン・ショック以降、海外設備投資比率は、投資の絶対額とあわせて、いったん落ち込んだが、最近では、再びそれが上昇する傾向にある（図４参照）。海外設備投資比率とは、海外現地法人と国内法人の設備投資総額にたいして、海外現地法人の設備投資がどの程度の割合かを示した数値である。直近の二〇一一年度では、これが二一・五％に達している。これは国内設備投資が伸びなかったこと、国内以上に海外での設備投資の伸びが高かったことを示すものである。

では、アベノミクスによる円高是正、円安化がこの海外投資、海外生産重視の傾向を打破できるか。「日本経済新聞」が主要一〇〇会社の社長に行なったアンケート結果によれば、円高是正によって海外生産を縮小すると答えた企業は一社もなかったという（図５参照）。これに対して、海外生産の規模を拡大するとした回答は、三二・四％であった。国内生産は現状維持が五〇・六％、拡大するは六・

八％にとどまった、という。これは、アベノミクスの為替効果によっては、大企業の海外投資・生産は止まらない、国内投資の増加にはつながらない、ということを示すものである。

現代日本の新自由主義的蓄積を担う多国籍企業は、第3章で使った表現でいうと、「国内生産↓海外販売」の体制から「海外生産↓世界販売」の体制に向かう軌道上にある、といってよい。この軌道そのものが修正されない限り、従来の外需依存・投資主導型成長の再現は期待できない。これがアベノミクスが最後に頼みとする矢が見事的を射抜くことができない理由である。現代日本の多国籍企業主流は、もはや、「海外生産↓世界販売」の道から後戻りすることのできない「グローバル化体制」に入ったのである。ここでは、在来の外需依存・投資主導型成長を歌うアベノミクスは、もはやナツメロにすぎない。ナツメロに頼る「安倍バブル」が長くもたないことは、流行歌の運命が示すところである。

（1）岩田規久男『リフレは正しい』ＰＨＰ研究所、二〇一三年、九〇頁。

（2）この問題点については、坂本雅子「電機・半導体産業で何が起きているか」『経済』二〇一二年七月号が詳しい。

（3）「日本経済新聞」二〇一二年一〇月一日は、電機・電子に限らず、日本企業では試作品を作って、量産技術を確立しないまま、海外に生産委託するケースが増えている、と警告している。

エピローグ
安倍政権からの国民的脱出

「バブル政権」がはじけるとき

安倍政権は、本書プロローグで指摘しておいたように、「改憲型新自由主義」を基調にすえた一種のバブル政権である。この安倍政権が国民からレッドカードをつきつけられるとき、バブルははじける。バブル政権が破裂するのは、バブルのなかに二つの「絶対的矛盾」が内在しており、その矛盾が誰の目にも明らかな形であらわれるときである。「絶対的矛盾」があからさまに露呈すると、世論は「改憲型新自由主義」に見切りをつけ、レッドカードを掲げる。では、世論が「改憲型新自由主義」にレッドカードをつきつけるのは、いかなるときか。

プロローグでは、このときのことを「改憲型新自由主義」が禁じ手を用いた場合、と指摘しておいた。禁じ手とは、サッカーでいえば、悪質なルール違反の行為である。だから、サッカー場では、禁じ手を犯すとレッドカードが掲げられ、退場が命ぜられる。これと同様に、「改憲型新自由主義」でも、もしそれが禁じ手に走ると、世論からレッドカードがつきつけられる。では、「改憲型新自由主義」が用いる禁じ手とは、いかなることをさすのか。

本書では、この禁じ手を二つの「絶対的矛盾」から生まれるもの、ととらえてきた。プロローグで述べたことに立ち返っていえば、この矛盾はさしあたり「政治的矛盾」と「経済的矛盾」の二面に分けてとらえることができるものであった。前者の政治的矛盾とは「護憲か改憲かの対立」、後者の経済的矛盾は「新自由主義的蓄積のもとでの格差・貧困社会化から生まれる対立」と言いかえられる。

政治的な「護憲か改憲か」の絶対的矛盾のなかにおいて、改憲型新自由主義が禁じ手に走った典型例は、二〇一三年五月の「橋下主義」にみることができる。大阪市長橋下徹は、安倍首相に並んで、現代日本の「改憲型新自由主義」を代表する人物である。いかにも「橋下主義」らしい「慰安婦必要発言」「慰安婦強制連行否定発言」は、現代日本の「改憲型新自由主義」が禁じ手に走った例をまざまざと示すものであった[1]。なぜなら、橋下発言は、「改憲型新自由主義」内部からさえ、勇み足だとの苦言を呼び起こしたからである。同じことは、橋下一派が「維新八策」にいち早く明記した「憲法九六条改正案」の例にもみることができる。橋下は「改憲型新自由主義」の先頭を走り、禁じ手を用いて「橋下バブル」の破裂を自ら招いたのである。

　改憲派が禁じ手を犯した場合には、「護憲か改憲か」の絶対的矛盾が「改憲型新自由主義」にレッドカードをつきつける世論を喚起せざるをえないこと――「橋下バブル」の顚末はこれを示すものであった。安倍首相の「改憲型新自由主義」は、橋下のそれとほとんど同じものである。したがって、日本の侵略戦争や慰安婦問題にたいする「橋下発言」が、仮に「安倍発言」となってあらわれていたとしても、なんら不思議ではなかった、といってもよい。もし仮に「橋下発言」が「安倍発言」であったとすれば、はじけるのは「橋下バブル」ではなく、「安倍バブル」の方であったはずである。

　安倍政権は、これを「橋下バブル」の教訓とし、「護憲か改憲か」の絶対的対立のなかで橋下の走り込んだ道に入ってはならない、彼の二の舞は演じない、という作戦に転じた。つまり、二〇一三年七月に予定された参院選までは、「護憲か改憲か」の絶対的矛盾を極力隠蔽する作戦に出た、と考えられる。だが、国民世論が安倍政権に橋下主義同様の禁じ手を見抜くかぎり、「安倍バブル」の破裂は一つの歴史的必然である。

問題なのは、「新自由主義的蓄積のもとでの格差・貧困社会化から生まれる対立」による経済的矛盾のほうである。本書は、もっぱらこの経済面での絶対的矛盾の帰趨を問題にしたものである。ここでの課題は、アベノミクスによる「安倍バブル」の構造を明らかにすることであった。この「安倍バブル」がはじけるときは、アベノミクスが禁じ手に走ったとき、「橋下発言」と同じような禁じ手を犯したとき、そしてそれを国民世論が見抜くときである。

ただ、アベノミクスの禁じ手を見破るのは、慰安婦問題で「橋下発言」があらわにした禁じ手を見抜くこと以上に難しいことである。なぜなら、アベノミクスのねらい、手法、帰結等を現実に照らして評価するのは、普通の国民からすれば、そう簡単なことではないからである。特に、アベノミクスの場合には、御用学者をはじめとして、大学教師、専門的研究者、エコノミスト、評論家、ジャーナリスト等が、種々雑多な情報をまきちらすから、一般の市民にその禁じ手を見破れといっても、それはなかなかにして難しいことである。

だが、世にいう「民意」は仕事や生活の現場に根ざして生まれるものであり、政権と民意のあいだに乖離、ズレ、ネジレが生まれるとき、いかなる「バブル政権」であろうとも、それはやがて必ず破裂する。本書が期待したのは、この種の政権バブルの破裂である。アベノミクスのなかにある禁じ手を明らかにすることは、安倍政権と民意のあいだに乖離、ズレ、ネジレが生まれる根拠を示すことである。この「政権と民意のネジレ」が、「安倍バブル政権」がはじけるときを呼び起こす。このような期待をもって、本書はアベノミクスに潜む禁じ手を明らかにすることに努めた。ここでは、最後に、この「政権と民意のネジレ」の視点から、安倍政権の歴史的位置を確かめておくことにしよう。

二一世紀第三の転換期に突入した現代日本

「政権と民意のネジレ」という視点からみると、二一世紀日本の歴史は、大づかみにいって三つの転換によって区分される。

第一の転換は、世紀初頭における小泉政権の新自由主義による転換であった。この転換は、それまでの利益誘導型政治、土建国家型ケインズ主義路線を新自由主義的構造改革政治に切りかえるものであった。利益誘導政治を構造改革政治に転換することは、当時の「政権と民意のネジレ」を解消する試みであったが、ただし、この場合の「民意」とは国民ではなく財界の「民意」を意味した。財界主流は、すでに前世紀の一九九〇年代半ばを一つの転機にして、経済のグローバル化を前提にした多国籍企業グループから構成されていたから、小泉政権はこのグローバル企業の意向にそって「政権と民意のネジレ」を是正しようとしたのである。

だが、「政権と財界のネジレ」がただされると、今度は、本物の民意とのあいだで政権がネジレをきたすことにならざるをえない。この「政権と民意のネジレ」は小泉政権が走った新自由主義路線が生みだしたものであった。一言でいえば、新自由主義が必然的に呼び起こす貧困・格差社会化が、一方での新自由主義政権と他方での国民生活・民意とのあいだの乖離を呼び起こしたのである。そこで、新自由主義のもとでのこの「政権と民意のネジレ」を是正することが、二一世紀第二の転換のテーマとなった。

第二の転換は、二〇〇九年の政権交代となってあらわれる。政権交代はそれまでの「政権と民意のネジレ」を民意側にそって是正する課題をもって起こったものである。民主党政権第一期の鳩山政権は、そのすべてではないにしても、小泉政権以来の新自由主義路線とは別の選択肢を提示し、「脱構造改革」に向かう道に第一歩を踏み入れた。

だが、詳細は割愛するとして、民主党政権は菅政権から野田政権にいたって、この第二の転換に終止符をうつ(2)。すなわち、菅＝野田政権は「政権と民意のネジレ」ではなく、逆に「政権と財界のネジレ」の解消に向かって路線を転換し、こともあろうに、小泉政権期の新自由主義に回帰したのである。二〇一一年夏、菅首相が誰からも惜しまれることのないぶざまな辞任に追い込まれたのは、彼が「政権と民意のネジレ」と「政権と財界のネジレ」のはざまをふらついていたからである。これにたいして野田政権は、「政権と財界のネジレ」の解消に向けて、より鮮明な旗印を掲げた。

野田民主党政権による新自由主義への回帰を象徴したのが、「消費増税、原発再稼働、TPP参加」の三大看板であった。この三大看板は、民主党が当時の谷垣自民党以上に急進的な新自由主義に舞い戻ってしまったことを意味するものであった。当然、ここでは「政権と財界のネジレ」は解消され、財界は野田政権を歓迎し、その支持にまわる。ただし同時に、三大看板は新しく「政権と民意のネジレ」を呼び起こし、深刻化せずにはおかない。なぜなら、総選挙前夜まで、ほとんどの世論調査は、

「消費増税ノーが過半」、「脱原発の声が七割以上」、「TPPは国論二分状況」という民意動向を示していたからである。

野田政権のもとでの二〇一二年暮れの解散・総選挙は、こうして、政権交代によって開始された第二の転換の終焉と、新たな第三の転換の開始を告げるものとなった。いまここで重要なことは、鳩山政権で口火を切った第二の転換は、野田政権による民主党政権自体の変質、すなわち小泉構造改革期の新自由主義への回帰によっていったんピリオドが打たれた、ということである。この後の課題は、野田政権が残した新たな「政権と民意のネジレ」を打開すること、すなわち第三の転換となる。

二一世紀第三の転換が果たさなければならない課題は、総選挙の最大争点にそくしていうと、「消費増税、原発再稼働、TPP参加」の三点をめぐる「政権と民意のネジレ」を是正することであった。言いかえると、これが「新自由主義路線と国民生活・民意の間に生まれる乖離」を解消する課題であった。というのは、現代日本の「改憲型新自由主義」は、その正面に「消費増税、原発再稼働、TPP参加」の三大看板を掲げているからである。第三の転換の出発点をかけた総選挙は、「新自由主義と国民生活・民意の乖離」の打開をめぐる一大政治戦だったのである。

安倍バブルへの一刺しに転化するアベノミクス

安倍政権が、この政治戦から生まれたものであることはいうまでもない。だが、安倍政権は、必ずしも、二一世紀第三の転換を担うものとはいえない。なぜなら、安倍政権そのものは、新しい将来に向かう転換をめざしたものではないからである。新しいというよりは、むしろ逆の歴史反動的な「転換」に向かうものである。それは、小泉政権期の「改憲型新自由主義」に立ち戻ろうとする「反動的転換」にほかならない。そのうえに、「消費増税、原発再稼働、TPP参加」のいずれにも「ノー」というのが、第三の転換に課せられた課題であったが、安倍政権はこの三点のすべてを歴史逆行的に推進しようとするものである。ここでは、「安倍政権と民意のあいだのネジレ」は一層深刻化せざるをえないであろう。

実は、アベノミクスとは、「安倍政権と民意のあいだのネジレ」を一つの「絶対的矛盾」に発展させる役割をもつものなのである。

まずアベノミクスは、そもそも消費増税を実際に実施するための方策として打ち出されたものであった。だが、安倍政権下でも、民意の多数は「消費税増税ノー」の世論のもとにある。アベノミクスが、社会保障の機能強化とはなんの関係もない消費税引き上げの道に向かえば、消費増税をめぐる「政権と民意のあいだのネジレ」は、一つの絶対的矛盾にまで高まり、「安倍バブル」を破裂させる一刺しになるだろう。

第二に、アベノミクスは、かつて安倍自民党が口にした「聖域なき関税撤廃のTPPには参加しない」の路線を、公然たるTPP参加路線に切りかえるにいたった。これは、安倍自民党政権の公約違反、つまり禁じ手を物語るものにほかならない。禁じ手に走った安倍政権に世論がレッドカードをつきつけることは、およそ必至である。

第三に、脱原発の熱い世論がさめやらぬなかで、いま安倍政権は原発再稼働、原発輸出の道を走り出した。これは、アベノミクスが原発分野において、外需依存・投資主導型成長を志向しているためである。安倍政権自体は、二〇一二年五月、アラブ首長国連邦（ＵＡＥ）との原子力協定署名、トルコとの原発輸出交渉に臨み、六月には、日本・インド間の原子力協定の早期妥結、日仏間では原発輸出促進における合意を進め、日立・東芝・三菱の原発輸出戦略を後押しする施策を進めている。安倍政権によるこうした原発輸出のバックアップは、いうまでもなく、国内の原発再稼働路線と一体のものである。だが、これはアベノミクスにたいする「イエスかノーか」の対立を今後さらに鋭くするものにほかならない。なぜなら、世論多数は依然として脱原発の方向にあるからである。

アベノミクスは、そもそも安倍政権にとりついた経済的矛盾を打開する目的をもって登場したものであった。超金融緩和、株価上昇、円高是正、公共事業バラマキ、飾り立てた成長戦略等で、アベノミクスはしばらくのあいだ、安倍政権の支持率上昇を呼び起こし、その限りで「安倍バブル」に一役も二役も買う役割を果たした。だが、これによってデフレ不況にあらわれた新自由主義的蓄積の絶対的矛盾を抑え込むことができるかといえば、本論でみてきたとおり、アベノミクスは絶対的矛盾の解消とはほど遠く、むしろ、その矛盾のなかに新たな問題を呼び起こすものであった。いま、二一世紀第三の転換で問われる「消費増税ノー、脱原発、反ＴＰＰ」に向けた世論からみると、アベノミクスは、新たな方向への転換どころか、歴史逆行・反動的な道に突入しようとしている、といって過言ではない。これは近いうちに、アベノミクスによる「安倍バブル」がアベノミクス自身の針によってはじけることを予想させるものである。

とはいえ、「安倍バブル」は自動的に破裂するものではない。その破裂は、アベノミクスにある禁じ手を世論が見抜き、また国民自身が労働・生活の現場から禁じ手を見破って、安倍政権にレッドカードをつきつけるときに訪れるものである。本書は、そのときを願って、安倍政権が頼るアベノミクスの禁じ手を筆者なりに明らかにしようとしたものである。このあとは、「橋下バブル」とともに「安倍バブル」が破裂するのを、ちょうど子どもがシャボン玉がはじける一瞬を楽しみにするように、ただ楽しんで待つだけである。

（1）　ここでいかにも橋下主義らしいと述べた理由については、二宮厚美『橋下主義解体新書』高文研、二〇一三年を参照。そこでは、橋下主義の野蛮性を指摘しておいた。

（2）　これらの二一世紀の転換の意味については、二宮厚美『新自由主義からの脱出』新日本出版社、二〇一二年、および渡辺治『渡辺治の政治学入門』新日本出版社、二〇一二年、同『安倍政権と日本政治の新段階』旬報社、二〇一三年を参照。

あとがき

本書の主題は「安倍政権の崩壊」である。森鴎外の「阿部一族」は、封建制下における阿部家の悲惨な運命、阿部一族の滅亡を描いたものであったが、本書は「アベノミクス一族」の歴史的運命を問題にする。鴎外は「阿部一族」の悲劇を語ったが、本書が取り上げる悲劇は日本経済のそれである。「阿部一族」は、藩主の殉死を迫られた阿部家の悲運をとりあげたものであった。いまアベノミクスが無体にも国民につきつけるのは、安倍政権のもとでのいわば日本経済の殉死である。したがって、アベノミクスにおける悲劇の主人公は安倍政権ではなく、日本経済と勤労者大衆となる。国民がこの悲劇を避けるためのもっとも手っ取り早い方法は、安倍政権にレッドカードをつきつけ、退場させることである。現代日本は、封建制下におかれているわけではないから、「安倍一族」が滅びたからといって、まさか国民がその殉死を迫られるようなことはない。

安倍政権にレッドカードがつきつけられるのは、安倍政権が悪質な反則に走ったときである。政治の世界では、時の政権の政治プレーにたいする審判役は国民だから、国民自身が政権の犯す反則を見ぬかなければならない。仮に安倍政権が悪質な禁じ手を使ったとしても、それを国民自身が見ぬかなければ、政権にイエローカードもレッドカードもつきつけられることはない。時の政権は、いつの場合でも、このことをよく承知しているから、反則を犯しても、それとはすぐにはわからないように、巧妙な技を弄するものである。実は、アベノミクスとは、安倍政権によるこの巧妙な反則技なのである。

本書は、そこで、アベノミクスとは経済学や経済政策における禁じ手の一種であることを明らかにしようとした。アベノミクスが禁じ手であることを見破った人びとは、当然、安倍政権にレッドカードを掲げて、退場を迫ることになろう。アベノミクスはそのとき、安倍政権の末路を示すものとなる。この物語が完成すると、現代版の「安倍一族」、すなわち「安倍政権の崩壊」が完結する。

こう書くと、読者は、本書を「安倍一族」の悲劇を語ったものと理解し、そうだとすれば、先に「本書が取り上げるのは日本経済の悲劇である」と記したことと矛盾するではないか、と思われるかもしれない。この疑問に応える形で、ここでは、「アベノミクスは日本経済に深刻な悲劇を呼び起こす、だからこそアベノミクスは悪質な禁じ手なのであって、その禁じ手を犯した安倍政権には退場処分が命ぜられるのである」と言っておくことにしたい。

ただし、安倍政権の犯す反則はアベノミクスに限らない。安倍政権の末路は、アベノミクス以外のところからもやってくる。本書では、この末路を一言で「改憲型新自由主義の末路」としておいた。「改憲型新自由主義の末路」は、おおまかな見取り図でいうと、二つの方向からやってくるものである。第一は憲法改正に向かう方向からのもの、第二は新自由主義的蓄積を起点にした方向からのもの、この二つである。この二つが安倍政権の末路につながるのは、二つの方向それ自体に固有の「絶対的矛盾」が内在していることによる。

本書は、この二つの「絶対的矛盾」を、①「改憲vs.護憲」の敵対的対立、②新自由主義的蓄積に起因する「一％vs.九九％」の非和解的対立、の二点に分けて把握している（立ち入っていうと、これら二つの「絶対的矛盾」は根っこのところではつながっており、截然と二分するわけにはいかないのだが、ここでは分かりやすさを優先して二点に分けた）。さしあたり、前者は「政治的な絶対的矛盾」、後者は「経済的な絶対的矛盾」と言いかえることができる。これら二つの矛盾が鮮烈な火花を飛ばして、改憲型新自由主義を末路に導くのは、改憲型新自由主義派が禁じ手に走った場合である。安倍政権に即していうと、安倍首相が改憲に向かって禁じ手を使った場合、また、新自由主義的蓄積の路線上で禁じ手を用いた場合、このときに安倍政権は末路に向かう。

本書は、これら二つのうちの後者側、すなわち、新自由主義的蓄積上でアベノミクスの禁じ手に走った安倍政権の末路を問題にしたものである。端折っていえば、「アベノミクスの禁じ手に頼った安倍政権は、早晩必ず、国民からレッドカードをつきつけられて、末路につく」――本書はこのことを論証しようとしたものである。ただ、私がこの論証のために、執筆の意欲をもったのには、二つばかり理由がある。「あとがき」としてはあまりふさわしくないほどに長くなるが、この二つの理由を蛇足ながらつけ加えおくことにしよう。

まず、安倍政権による改憲型新自由主義の末路は、現代日本では、すでに実証されつつある、これが本書でアベノミクスの顚末をとりあげた第一の理由である。「改憲vs.護憲」の敵対的対立による改憲型新自由主義の末路を物語る典型的事例は、「橋下バブル」の破裂にみることができる。日本維新代表の一人橋下徹は、改憲志向の点では安倍首相に通底する体質をもった人物であるが、二〇一三年五月の「慰安婦必要」発言を契機に、一気に失速することになった。彼は、「改憲vs.護憲」の敵対的対立を「絶対的矛盾」に高めて、「改憲型新自由主義の末路」を切り開いたのである。これは、ある意味において、橋下の歴史的貢献というべきである。彼は、国民の誰にもわかる禁じ手に走って、改憲型新自由主義の落日を早める功績を残した。

私は、本書に先立つ半年前に、『橋下主義解体新書』（高文研刊）を書き、「橋下主義の落日は近い」と予想した。いまここでこの予想が当たったというつもりは毛頭ないが、「橋下主義の落日」が、改憲型新自由主義が禁じ手に走った場合の結末を物語るものであれば、これは安倍政権にもあてはまることである。憲法の視点から、国民が改憲型新自由主義に悪質な反則を見ぬいたとき、橋下主義であれ、アベノミクスであれ、改憲型新自由主義に与する勢力やイデオロギーは必ず退場を命ぜられる。

『橋下主義解体新書』の前に、私は、『新自由主義からの脱出』（新日本出版社、二〇一二年）を書いた。これは、ここで用いた表現でいうと、「野田民主党政権の末路」を予告したものであった。この予想は、現実のものとなった。ただ、これは自慢話でいうのではない。なぜなら、野田政権の崩壊は、誰の目からみても、ほとんど自明のことだったからである。野田政権は、文字どおり禁じ手を乱発して、自ら墓穴を掘ったのである。ただし、いま注意しておかなければならない点は、橋下主義と野田政権とでは、墓穴の掘りかたに違いがあったということである。

橋下主義は、改憲型新自由主義における「改憲」の側面における禁じ手によって、自ら墓穴を掘る結果を招いたものであった（厳密にいうと、橋下主義は新自由主義的反動の面からも墓穴を掘ることになるのだが、ここでは省略する）。これにたいして、野田民主党政権は、「改憲」というよりは「新自由主義」の面から、墓穴を掘る結果になったのである。なぜなら、二〇一二年師走の総選挙で、野田民主党政権が見るも無惨な惨敗をとげたのは、野田首相が「消費税増税、原発再稼働、TPP参加」という三拍子の新自由主義的スローガンを公然と掲げたせいだったからである。「消費税増税、原発再稼働、TPP参加」の三拍子は、国民からみれば、明らかに政策上の禁じ手であった。当然、国民は、この重大な反則を見破り、野田政権にレッドカードをつきつけた。その意味で、野田民主党政権は、露骨な新自由主義的ルール違反に走って、自ら墓穴を掘った、といってよい。

ところが、ここで、いささか奇妙なことが起こった。というのは、野田民主党と安倍自民党は、互いに同じ「消費税増税、原発再稼働、TPP参加」の三拍子で踊りながら、それぞれに異なる審判が下されたからである。サッカーの比喩でいうと、野田民主党にはレッドカード、安倍自民党にはイエローカードがつきつけられた。レッドカードをつきつけられた野田民主党政権は、ただちに退場、落城の運命をたどることになった。だが、安倍自民党にはイエローカード止まり、そこで野田政権は退場し、安倍政権はまだピッチにとどまることになったのである。

なぜ、このような違いが出てきたか。いうまでもなく、それは橋下・石原の日本維新、渡辺のみんなの党が安倍自民党の脇を固めるように、改憲型新自由主義の陣営に加わったからである。だが、橋下一派が改憲に向かう禁じ手に走って落日のときを迎えたいま、もし、野田政権から受け継いだ安倍政権の「消費税増税、原発再稼働、TPP参加」の反則技を国民が見破ることになれば、安倍政権の退場に必要なのは二枚目のイエローカードだけである。実際に、「消費税増税、原発再稼働、TPP参加」の禁じ手を使い続ける安倍政権にたいして、国民は二枚目のイエローカードを準備しつつある。

ところが、安倍政権の方は二枚目のイエローカードを待つまでもなく、これで一発退場という派手な禁じ手に走った。これがアベノミクスである。ただし、アベノミクスは、それがいかにも派手な技であったために、すぐには悪質な反則技だと見破るのが難しいプレーであった。観客は、二枚目のイエローカードを手に持ったまま、しばらくこの派手な反則技に目を奪われ、その間に、安倍政権の支持率は上昇した。だが、悪質な反則技はどこまでいっても重大な禁じ手である。

本書の役割は、アベノミクスに潜むこの反則技を明らかにすることである。ただ、「改憲 vs. 護憲」の敵対的対立に根ざす橋下流のルール蹂躙に比較していうと、新自由主義的蓄積に起因した「一% vs. 九九%」の非和解的対立に根ざすアベノミクスの反則技は、いささか複雑であり、日本経済や国民生活の現実に照らして立証されなければならないことである。私の専門的研究分野である経済学は、ここで力を発揮しなければならない。つまり、「経済的な絶対的矛盾」に引き寄せながらアベノミクスを解体すること、これが本書執筆の一つの理由である。

いま一つの理由は、版元の編集者木内洋育さんとのつきあいにある。彼との交友は、もう二〇年ばかりになるが、この四月初旬、久しぶりに一献傾ける機会をもった。私としては、これまでの彼のお世話に報いるために、ややまとまった本を上梓するつもりであったのだが、二人とも酒が入るとついつい話がはずんでしまうタイプである。アベノミクスが話題になったときに、彼は私に「それでいきましょう、アベノミクス批判なら早いほうがいいですよ、一ヶ月で原稿が揃えば、すぐにでも出します」と言いだし、私はそれにいわば乗せられることになった。

木内さんの話に乗せられたのには、実は、下地がある。それは、畏友渡辺治氏の『安倍政権と日本政治の新段階』が同じ旬報社から出版される予定だったことである。渡辺さんは、私からみれば長年の理論的同志にあたるから、渡辺本が出れば、当面、「安倍政権の末路」については、同書以上のことを書く必要もなければ、その能力もない、と私は思っていた。このことを私は木内さんにも話したのであるが、彼は、逆に、そこをうまくついてきたのである。私と渡辺さんは、ともに彼とは旧知の間柄、例えば一緒に『ポリティーク』（現在休刊中）の編集にあたってきた仲間である。その渡辺さんが忙しいさなかに「木内向け」の原稿を書いたのだから、私にも同じような「渡世の義理」があるというものである。この無言の圧力のうえに、アベノミクスに焦点を絞った本にすれば、安倍政権と日本政治の総体を問題にした渡辺本とはダブらないはずだ、と彼は誘いをかけてきたわけである。これが木内企画に乗った背景である。

ともあれ、こういうわけで、本書はきわめて短時間のうちに執筆された。そのために「安倍政権の末路」を、その全貌にわたって描き出すという点では不十分さを残しているはずである。不足分は、先の渡辺治『安倍政権と日本政治の新段階』で補っていただきたいと思う。

二〇一三年六月

二宮厚美

著者紹介

二宮厚美（にのみや　あつみ）

神戸大学名誉教授。1947年生まれ。主な著書『日本経済と危機管理論』『現代資本主義と新自由主義の暴走』『日本経済の危機と新福祉国家への道』『新自由主義の破局と決着』『ジェンダー平等の経済学』『保育改革の焦点と争点』『新自由主義からの脱出』（新日本出版社）、『構造改革とデフレ不況』（萌文社）、『自治体の公共性と民間委託』（自治体研究社）、『憲法25条＋9条の新福祉国家』（かもがわ出版）、『格差社会の克服』（山吹書店）、『新自由主義か新福祉国家か』（共著、旬報社）、『橋下主義解体新書』（高文研）、『誰でも安心できる医療保障へ』『福祉国家型財政への転換』（編著、大月書店）など。

安倍政権の末路

アベノミクス批判

2013年7月10日　初版第1刷発行

著者———二宮厚美
装丁———佐藤篤司
発行者——木内洋育
発行所——株式会社旬報社
〒112-0015 東京都文京区目白台2-14-13
TEL 03-3943-9911　FAX 03-3943-8396
ホームページ http://www.junposha.com/
印刷製本—株式会社マチダ印刷

ISBN978-4-8451-1324-8

これからの日本を考える

安倍政権と日本政治の新段階
新自由主義・軍事大国化・改憲にどう対抗するか

渡辺　治◆著

「強い日本の復活」「アベノミクス」を掲げ、原発再稼働、ＴＰＰ参加、憲法改正に突き進む安倍政権。私たちの暮らし、平和はどうなるのか。新自由主義・構造改革と改憲を阻むための運動の課題を示す。
Ａ５判並製 /160 頁 / 定価 1260 円 /ISBN978-4-8451-1314-9

改憲と国防
混迷する安全保障のゆくえ

柳沢協二＋半田 滋＋屋良朝博◆著

憲法を変えなければ、国は守れないのか？安倍政権がめざす憲法改正、集団的自衛権、国防軍、日米同盟強化……。現場を知り尽くした元官僚とジャーナリストが明かす知られざる日本防衛の実態。
四六判並製 /187 頁 / 定価 1470 円 / ISBN978-4-8451-1321-7

脱貧困の社会保障
唐鎌直義（立命館大学教授）◆著

「本当に困っている人」だけを対象にした社会保障は、「本当に困っている人」を救済できなかった歴史をもっている！
四六判上製 /330 頁 / 定価 2310 円 /ISBN978-4-8451-1266-1

キーワードで読む現代日本社会［第２版］
中西新太郎＋蓑輪明子◆編著

労働、貧困、資本主義、新自由主義、福祉国家、グローバリゼーション、ナショナリズム……、知っているようで知らない現代社会のしくみがわかる！
Ａ５判並製 /207 頁 / 定価 1365 円 /ISBN978-4-8451-1316-3